TABLEAUX DE GRAMMAIRE,

Par MM. Meissas, Michelot et Picard.

INSTRUCTION SUR L'EMPLOI DES TABLEAUX.

Ces Tableaux sont divisés en six classes ou sections, d'après l'ordre qui doit être suivi dans l'enseignement.

La *première classe* comprend les notions préliminaires de grammaire, les diverses espèces de mots et quelques notions d'orthographe usuelle.

La *deuxième classe* donne les subdivisions et l'orthographe des substantifs, des pronoms et des adjectifs.

La *troisième classe* fait connaître les modifications grammaticales des verbes, c'est-à-dire les nombres, les personnes, les temps, les modes des verbes et enfin leurs conjugaisons. Cette classe est celle qui renferme le plus de tableaux, parce que les conjugaisons sont la partie la plus importante de la grammaire, et que les élèves doivent y consacrer plus de temps qu'à toutes les autres.

La *quatrième classe* est le complément des conjugaisons ; on y trouve les terminaisons des différentes personnes de chaque temps des verbes, les observations sur quelques difficultés des conjugaisons, la formation des temps, et le tableau des temps primitifs des verbes réguliers et des verbes irréguliers.

La *cinquième classe* renferme les élémens d'analyse logique, la division des verbes en actifs, passifs, neutres, réfléchis, impersonnels, et l'orthographe des participes.

Dans la *sixième classe* nous donnons les principes de la ponctuation et quelques observations importantes sur la syntaxe et sur les locutions vicieuses.

L'étude de la grammaire ne peut guère commencer avant que les élèves sachent lire couramment, et qu'ils soient en état d'écrire passablement en petit moyen ; il serait impossible qu'ils fissent plus tôt la plupart des exercices d'orthographe, et qu'ils pussent comprendre les règles que les tableaux renferment.

PROCÉDÉS A SUIVRE POUR DONNER LES LEÇONS.

Premier exercice. Les élèves sont rangés en demi-cercle ; le tableau de grammaire est suspendu devant eux. Le maître ou le moniteur lit à haute voix la leçon que l'on doit étudier dans le jour, en faisant soigneusement remarquer aux élèves l'exemple auquel chaque règle s'applique. Ensuite il fait lire le même paragraphe aux élèves ; cette lecture doit être faite plusieurs fois de suite pour que les élèves puissent le retenir tout entier.

Deuxième exercice. Le maître ou le moniteur prend le tableau qu'il tourne de son côté et fait les questions indiquées au bas du tableau ; les élèves y répondent par ce qu'ils viennent de lire et d'apprendre, et en donnent les exemples qu'ils ont vus dans la leçon. En général, ces questions suffisent pour faire répéter aux élèves tous les principes compris dans les tableaux, mais le maître ou le moniteur ne doit pas se borner aux questions qui se trouvent dans les exercices. Il devra souvent en faire d'autres du même genre, comme nous l'avons indiqué. Ainsi, dans le premier tableau, après avoir demandé quels sont les noms qui se trouvent dans cette phrase : *Clovis a fondé la monarchie française*, il pourra faire la même question pour plusieurs autres phrases. On en trouvera de nombreux exemples de toutes les espèces dans notre volume d'*Exercices de grammaire*. Il est composé pour notre *grammaire française*, et d'après les mêmes principes que les tableaux.

Troisième exercice. Chaque fois que les élèves ont appris un nouvel article des tableaux, on leur fait analyser une ou plusieurs phrases dans lesquelles ils font l'application de tous les principes qu'ils ont vus dans la leçon du jour, ou dans les leçons précédentes. Cette analyse peut se faire de deux manières ; de vive voix au tableau, et par écrit sur les bancs. Supposons que les élèves aient vu les tableaux des deux premières classes, et qu'on leur donne à analyser cette phrase : *Ma bonne sœur viendra demain.*

Le maître ou le moniteur fait les questions suivantes, auxquelles les élèves répondent tour à tour comme nous l'indiquons ici.

Le maître. *Ma* est-il un nom, un verbe ou un mot invariable ?

L'élève. C'est un *nom*, parce qu'il sert à déterminer *sœur.*

Le m. Est-il nom substantif, nom pronom ou nom adjectif ?

L'él. *Adjectif déterminatif*, parce qu'il sert à déterminer *sœur.*

Le m. *Bonne* est-il un nom, un verbe ou un mot invariable ?

L'él. C'est un *nom*, parce qu'il exprime la qualité de *sœur.*

Le m. Est-il nom substantif, nom pronom ou nom adjectif ?

L'él. *Adjectif qualificatif*, parce qu'il exprime la qualité de *sœur.*

Le m. *Sœur* est-il un nom, un verbe ou un mot invariable ?

L'él. C'est un *nom*, parce qu'il exprime une personne.

Le m. Est-il substantif, pronom ou adjectif ?

L'él. *Substantif*, parce qu'il sert à nommer une personne.

Le m. Est-il propre ou commun ?

L'él. *Commun*, parce qu'il convient à toute une classe de personnes, à toutes les sœurs.

Le m. Est-il masculin ou féminin ?

L'él. *Féminin*, parce qu'il exprime une femme.

Le m. Est-il singulier ou pluriel ?

L'él. *Singulier*, parce qu'il n'exprime qu'une seule personne.

Le m. *Ma* est-il masculin ou féminin ?

L'él. *Féminin*, parce qu'il détermine *sœur*, qui est du féminin.

Le m. Est-il singulier ou pluriel ?

L'él. *Singulier*, parce que *sœur* est du singulier.

Le m. Est-il possessif, démonstratif, interrogatif, article, adjectif de nombre, ou adjectif indéterminé ?

L'él. *Possessif*, parce qu'il exprime la possession.

Le m. *Bonne* est-il masculin ou féminin ?

L'él. *Féminin*, parce qu'il qualifie *sœur*, qui est du féminin.

Le m. Est-il singulier ou pluriel ?

L'él. *Singulier*, parce que *sœur* est du singulier.

Le m. *Viendra* est-il un nom, un verbe ou un mot invariable ?

L'él. C'est un *verbe*, parce qu'il exprime l'action de *venir*, et que l'on peut dire *je viendrai, tu viendras, il viendra*, etc.

Le m. *Demain* est-il un nom, un verbe ou mot invariable ?

L'él. C'est un mot *invariable*, parce qu'il n'est ni nom, ni verbe ?

Le m. Est-il adverbe, préposition, conjonction ou interjection ?

L'él. *Adverbe*, parce qu'il se joint au verbe *viendra* et en détermine le sens.

L'analyse par écrit sera faite par chaque élève en particulier, lorsqu'il sera sur son banc, à sa place ordinaire. On peut l'écrire ainsi pour la même phrase.

Ma, n. adj. d. fém. sing.

Bonne, n. adj. q. fém. sing.

Sœur, n. subst. com. fém. sing.

Viendra, v.

Demain, inv. adv.

Quatrième exercice. Dictée. Les élèves écriront sous la dictée du moniteur des phrases renfermant l'application des règles qu'ils ont étudiées. On peut aussi leur faire écrire sur un cahier particulier chaque leçon apprise dans les tableaux. Ce cahier leur servira de manuel pour repasser, hors de la classe, les principes de grammaire.

Aussitôt que la dictée est écrite, chaque élève remet son cahier à son voisin, le moniteur épelle à haute voix, lettre à lettre, tous les mots, en faisant remarquer l'application des règles d'orthographe ; et les élèves corrigent toutes les fautes qu'ils trouvent dans le cahier qui leur a été remis.

Nous avons indiqué dans les tableaux tous les principes indispensables, et, au bas des mêmes tableaux, les exercices à faire pour chaque leçon. Il sera bien cependant, pour faciliter l'enseignement, d'avoir dans chaque école un exemplaire de notre *grammaire in-12*, adoptée par le conseil royal de l'Université, et un exemplaire de nos *exercices de grammaire.* Ces deux ouvrages sont de véritables manuels pour les maîtres qui adopteront notre méthode.

Imprimerie de Firmin Didot Frères, rue Jacob, n° 24.

A PARIS, CHEZ L. HACHETTE, LIBRAIRE, RUE PIERRE-SARRAZIN, N° 12, ET FIRMIN DIDOT FRÈRES, RUE JACOB, n° 24.

(1833)

TABLEAUX DE GRAMMAIRE,

Par MM. Meissas, Michelot et Picard.

NOTIONS PRÉLIMINAIRES.

La GRAMMAIRE est l'art de parler et d'écrire correctement.

Pour écrire, on se sert des lettres, qui se divisent en voyelles et en consonnes. Les voyelles sont *a, e, i, o, u, y*.

Les consonnes sont *b, c, d, f, g, h, j, k, l, m, n, p, q, r, s, t, v, w, x, z*.

On appelle SYLLABE une ou plusieurs lettres qui ne forment qu'un son : a-ban-don, cour-rou-cé, ap-par-te-ment.

On distingue trois sortes d'*e* :

1° E MUET : *h*omme, livre, relever.

L'*e muet* a le son peu sensible.

2° E FERMÉ : bonté, charité.

L'*é fermé* a le son aigu.

3° E OUVERT : père, succès, tempéte.

L'*è ouvert* a un son grave.

Il y a deux sortes d'*h* :

1° H MUETTE : l'*h*omme, les *h*istoires, mon *h*abit.

L'*h muette* est nulle dans la prononciation.

2° H ASPIRÉE : le *h*éros, la *h*aine, les *h*ameaux.

L'*h aspirée* empêche de lier le mot qui commence par *h*, avec le mot qui précède.

Il y a trois accens.

1° L'ACCENT AIGU (ʹ) : café, probité.

L'*accent aigu* se met sur les é fermés.

2° L'ACCENT GRAVE (ˋ) : procès, frère.

L'*accent grave* se met sur les è ouverts.

3° L'ACCENT CIRCONFLEXE (ˆ) : *pâ*te, côte, tempéte.

L'*accent circonflexe* se met sur la plupart des voyelles longues.

Cette PHRASE : *Travaillez avec moi*, renferme trois MOTS.

Elle alla crier famine. — Demain vous viendrez chez moi. — Maître corbeau, sur un arbre perché, tenait en son bec un fromage. — Que vous êtes joli, que vous me semblez beau ! — Cette leçon vaut bien un fromage, sans doute. — Deux mulets cheminaient.

J'-aime,	*pour*	Je-aime.
Il m'-amuse,		Il me-amuse.
Je t'-avertis,		Je te-avertis.
C'-est charmant,		Ce-est charmant.
Elle s'-occupe,		Elle se-occupe.
Le livre d'-Henri,		Le livre de-Henri.
Tu n'-entends pas,		Tu ne-entends pas.
L'-oiseau,		Le-oiseau.
L'-armoire,		La-armoire.
Je désire qu'-il vienne,		Je désire que-il vienne.

Les mots *je, me, te, ce, se, de, ne, le, la, que*, perdent l'*e* ou l'*a* final, quand ils sont suivis d'un autre mot qui commence par une *voyelle* ou une *h muette*; alors on met une apostrophe (ʼ) à la place de la lettre retranchée, et l'on écrit : *j', m', t', c', s', d', n', l', l', qu'*.

Le mot *si* perd aussi la dernière lettre, mais seulement devant *il* : s'-il est ingrat, *pour* si-il est ingrat.

DIVISION GÉNÉRALE DES MOTS.

On divise tous les mots en noms, verbes et mots invariables ; c'est ce que l'on appelle les trois parties primitives du discours.

1. NOMS.

Noms de personnes.	Noms de choses.	Noms de qualités.
Pierre,	table,	joli (cheval).
menuisier,	castor,	bon (père).
femme,	cheval,	fidèle (ami).
moi,	la Seine,	belle (fleur).
lui,	pomme,	grand (homme).

On appelle *noms* tous les mots qui expriment une personne, une chose ou une qualité.

Il y a des noms qui ne servent qu'à déterminer les personnes ou les choses : *le* cheval, *la* maison, *les* oiseaux, *ce* garçon, *cet* habit, *mon* frère, *ta* sœur, *ses* filles.

EXERCICES.

Qu'est-ce que la grammaire ?
De quoi se sert-on pour écrire ?
Comment divise-t-on les lettres ?
Quelles sont les voyelles ?
Quelles sont les consonnes ?
Qu'appelle-t-on syllabes ?
Donnez des exemples.
Combien de syllabes y a-t-il dans les mots suivants : *bon, Paris, cheval, maman, artichaut, appartement, affabilité* ?
Combien y a-t-il de sortes d'*e* ?
Donnez des exemples d'*e* muet, — d'*é* fermé, — d'*é* ouvert.

Quelles sortes d'*e* y a-t-il dans les mots suivants : *table, venir, répondre, vanité, après, prétendre, tempête, méchanceté, rivière, tête*, etc.
Combien y a-t-il de sortes d'*h* ?
Qu'est-ce qu'une *h* muette ? — Donnez des exemples. — Qu'est-ce qu'une *h* aspirée ? — Donnez des exemples.
Quelles sortes d'*h* se trouvent dans *la hache, l'hiver, les honneurs, les hannetons* ?
Combien y a-t-il d'accens ?
Où se met l'accent aigu ? — un exemple ; — l'accent grave ? — un exemple ; — l'accent circonflexe ? — des exemples.
Combien des mots trouvez-vous dans cette phrase : *Travaillez avec moi* ? — Même exemple dans les phrases suivantes.
N'y a-t-il pas des mots qui perdent l'*a* ou l'*e* final, et quels sont-ils ?
Quand perdent-ils cette lettre ?
Comment s'écrivent-ils alors ?
N'y a-t-il pas un autre mot qui perd l'*i* ?
Comptez les mots dans les phrases suivantes : J'aime, etc.

Comment divise-t-on tous les mots ?
Qu'est-ce qu'un nom ?
Donnez des exemples de noms de personnes, — de choses, — de qualités.
N'y a-t-il pas des noms qui servent à déterminer les personnes et les choses ? — Donnez-en des exemples.
Cherchez les noms qu'il y a dans cette phrase : Clovis a fondé la monarchie française.
Pourquoi *Clovis* est-il un nom ?
Pourquoi *la* est-il un nom ? — Même question pour tous les autres noms.

Imprimerie de Firmin Didot Frères, rue Jacob, n° 24.

A PARIS, CHEZ L. HACHETTE, LIBRAIRE, RUE PIERRE-SARRAZIN, N° 12, ET FIRMIN DIDOT FRÈRES, RUE JACOB, N° 24.

TABLEAUX DE GRAMMAIRE,

Par MM. Meissas, Michelot et Picard.

2. Verbes d'action,
Courir.
Je cours.
Tu marches.
Il porte.
Nous parlons.
Vous preniez.
Ils réfléchiront.

D'existence.
Être.
Je suis.
Tu es.
Il semble.
Nous paraissons.
Vous demeurez.
Ils seront.

Un *verbe* exprime l'existence ou l'action; c'est-à-dire qu'une personne ou une chose est ou agit.

On reconnaît encore qu'un mot est un verbe en le joignant successivement aux mots *je, tu, il, nous, vous, ils, je veux, j'ai, je suis, en.* Courir est un verbe, puisqu'on dit : *Je cours, tu cours, il court ; nous courons, vous courez, ils* courent ; *je veux courir, j'ai couru, en* courant.

Les deux verbes les plus remarquables sont le verbe Être et le verbe Avoir.

Différentes formes du verbe Être.

A présent je *suis,* tu *es,* il *est,* nous *sommes,* vous *êtes,* ils *sont.*

Je *serais,* tu *serais,* il *serait,* nous *serions,* vous *seriez,* ils *seraient.*

Sois, qu'il *soit, soyons, soyez,* qu'ils *soient.*

Il faut que je *sois,* que tu *sois,* qu'il *soit,* que nous *soyons,* que vous *soyez,* qu'ils *soient.*

Hier j'*étais,* tu *étais,* il *était,* nous *étions,* vous *étiez,* ils *étaient.*

Je *fus,* tu *fus,* il *fut,* nous *fûmes,* vous *fûtes,* ils *furent.*

Il fallait que je *fusse,* que tu *fusses,* qu'il *fût,* que nous *fussions,* que vous *fussiez,* qu'ils *fussent.*

Demain je *serai,* tu *seras,* il *sera,* nous *serons,* vous *serez,* ils *seront.*

Je veux *être,* j'ai *été,* en *étant.*

Différentes formes du verbe Avoir.

A présent j'*ai,* tu *as,* il *a,* nous *avons,* vous *avez,* ils *ont.*

J'*aurais,* tu *aurais,* il *aurait,* nous *aurions,* vous *auriez,* ils *auraient.*

Aie, qu'il *ait, ayons, ayez,* qu'ils *aient.*

Il faut que j'*aie,* que tu *aies,* qu'il *ait,* que nous *ayons,* que vous *ayez,* qu'ils *aient.*

Hier j'*avais,* tu *avais,* il *avait,* nous *avions,* vous *aviez,* ils *avaient.*

J'*eus,* tu *eus,* il *eut,* nous *eûmes,* vous *eûtes,* ils *eurent.*

Il fallait que j'*eusse,* que tu *eusses,* qu'il *eût,* que nous *eussions,* que vous *eussiez,* qu'ils *eussent.*

Demain j'*aurai,* tu *auras,* il *aura,* nous *aurons,* vous *aurez,* ils *auront.*

3. Mots invariables. *Pour, toujours, ici, et, mais, hélas! souvent, avec, jamais, nullement.*

Tous les mots qui ne sont ni noms, ni verbes, sont des *mots invariables.*

DIVISIONS DU NOM.

Les noms se divisent en substantifs, pronoms et adjectifs.

4. Substantifs *de personne,*
Charles,
frère,
maçon,
capitaine.

de chose.
table,
maison,
arbre,
bateau.

Un *nom substantif* est un mot qui sert à nommer une personne ou une chose.

Quelques substantifs expriment des choses qui ne tombent pas sous nos sens; tels sont *courage, patience, vérité.* On reconnaît que ces mots sont des substantifs, en y joignant les mots *le, la, un, une: le courage, la patience, une vérité.*

5. Pronom.

La terre est ronde, *elle* a la forme d'une boule. Le pronom *elle* remplace le substantif *terre;* c'est comme s'il y avait : la terre a la forme d'une boule. Dieu aime les enfans quand *ils* sont dociles. Le pronom *ils* remplace le substantif *enfans.*

Le *nom pronom* est un mot qui se met à la place d'un substantif. Exemples : *il, elle, lui, tu, nous, vous, me, te, se.*

6. Adjectif. *Bon* père, *joli* cheval, il est *aimable.*

L'adjectif *bon* exprime la qualité du père; *joli* exprime la qualité du cheval; *aimable* exprime la qualité de la personne désignée par le pronom *il.*

Ce livre; *mon* ami.

Ce et *mon* servent à désigner plus particulièrement le livre, l'ami dont on veut parler.

Le nom Adjectif est un mot qui se joint à un substantif ou à un pronom, pour en exprimer la qualité ou pour le déterminer.

On peut diviser les adjectifs en deux classes : 1° les Adjectifs qualificatifs, qui expriment une qualité bonne ou mauvaise, comme *bon, méchant, vieux, neuf, charitable, rouge, jaune,* etc. 2° Les Adjectifs déterminatifs, qui servent à déterminer un substantif, tels que *ce, ces, mon, quel, tout, chaque, le, la, les, du, des, au, aux, un, deux,* etc.

Pour connaître si un mot est un adjectif, joignez-y les mots *personne* ou *chose.*

Agréable est un adjectif, car on peut dire *personne agréable, chose agréable.*

EXERCICES.

Qu'est-ce qu'un verbe?
Donnez des exemples de verbes d'action;—des exemples de verbes d'existence.
Comment peut-on reconnaître qu'un mot est un verbe?
Courir est-il un verbe? — Pourquoi?
Preniez est-il un verbe? — Pourquoi?
— Mêmes questions pour d'autres verbes.
Citez des verbes qui expriment des actions que l'on peut faire avec les pieds, — avec les mains, — avec les yeux, etc.
Citez des verbes qui expriment une action de l'esprit.
Quel verbe trouvez-vous dans cette phrase : Quelqu'un troubla la fête pendant qu'ils étaient en train?
Pourquoi *troubla* est-il un verbe? — Même question pour les autres verbes.
Quels noms trouvez-vous dans cette même phrase?
Quels sont les deux verbes les plus

remarquables?
Quelles sont les formes du verbe *Être* avec à *présent?*
Quelles sont les formes du verbe *Être* avec *hier?*
Quelles sont les formes du verbe *Être* avec *demain?*
Mêmes exercices pour le verbe *Avoir.*
Nota. Dans ces derniers exercices, on aura soin de ne faire lire ou réciter à l'élève qu'un seul temps à la fois.
Qu'est-ce que les mots invariables?
Donnez-en des exemples.
Quel mot invariable trouvez-vous dans cette phrase : Les hiboux volent pendant la nuit?
Pourquoi *pendant* est-il un mot invariable?
Quels noms et quel verbe trouvez-vous dans cette même phrase?
Comment divise-t-on les noms?

Qu'est-ce qu'un substantif?
Citez des substantifs de personne;—des substantifs de chose.
Citez des substantifs exprimant des choses qui ne tombent pas sous nos sens?
Comment reconnaît-on que ces mots sont des substantifs?
Quels substantifs y a-t-il dans cette phrase : La colombe aussitôt usa de charité?
Pourquoi *colombe* est-il un substantif?
— Même question pour les autres substantifs.
Quels sont les autres noms, les verbes et les mots invariables de cette phrase?
Qu'est-ce qu'un pronom?
Donnez des exemples de pronoms.
Quel nom trouvez-vous dans cette phrase:
Le ver-à-soie se change en papillon?
Pourquoi *se* est-il un pronom?
Quels sont les autres noms, les sub-

stantifs, les verbes et les mots invariables de cette phrase?
Qu'est-ce qu'un adjectif?
Donnez des exemples d'adjectifs.
Comment peut-on diviser les adjectifs?
Qu'expriment les adjectifs qualificatifs?
Donnez des exemples d'adjectifs qualificatifs.
Qu'est-ce que les adjectifs déterminatifs?
Donnez des exemples d'adjectifs déterminatifs.
Comment peut-on reconnaître qu'un mot est adjectif?
Quels adjectifs trouvez-vous dans cette phrase : L'ame est immortelle?
Pourquoi *la* est-il un adjectif?
Pourquoi *immortelle* est-il un adjectif?
Indiquez dans cette phrase toutes les espèces de mots que vous avez déjà appris à connaître. — On fera de même, par la suite, pour toutes les phrases.

Imprimerie de Firmin Didot Frères, rue Jacob, n° 24.

A PARIS, CHEZ L. HACHETTE, LIBRAIRE, RUE PIERRE-SARRAZIN, N° 12, ET FIRMIN DIDOT FRÈRES, RUE JACOB, N° 24.

TABLEAUX DE GRAMMAIRE,

Par MM. Meissas, Michelot et Picard.

DIVISIONS DES MOTS INVARIABLES.

Les mots invariables se divisent en adverbes, prépositions, conjonctions et interjections.

7. ADVERBE. Il marche *mal.*
Il marche *bien.*
Il marche *beaucoup.*
Il marche *assez.*

Les adverbes *mal, bien, beaucoup, assez,* se joignent au verbe *marche,* et en déterminent le sens, c'est-à-dire la manière dont on marche.

Il est *assez* riche,
plus riche,
moins riche.

Les adverbes *assez, plus, moins,* se joignent à l'adjectif *riche,* et en déterminent le sens.

L'ADVERBE est un mot invariable qui se joint à un verbe ou à un adjectif, et en détermine le sens. Exemple : *Toujours, ici, fort, trop, peu, souvent, rarement.*

8. PRÉPOSITION. Le livre *de* Paul.
Je vais *à* Paris.
Ces plumes sont *pour* vous.

La préposition *de* joint le substantif *Paul* au substantif *livre;* la préposition *à* joint le substantif *Paris* au verbe *vais;* la préposition *pour* joint le pronom *vous* au verbe *sont.*

La préposition est un mot invariable qui se met devant les substantifs et les pronoms, et sert à les lier avec d'autres mots. Ex.: *Avec, sur, sous, avant, dans, chez, entre, parmi,* etc.

Quelques prépositions peuvent se joindre aux verbes; ce sont: *de, à, pour, sans, par, après, en.*

Je viens *de* partir; il commence *à* parler; *après* avoir couru; *en* chantant, etc.

PHRASE. *La récolte sera abondante.*

Une phrase est un assemblage de mots qui forment un sens. On trouve toujours un verbe dans une phrase.

9. CONJONCTION. La récolte sera abondante, *mais* les grains ne seront pas bons.

La conjonction *mais* lie la phrase: *la récolte sera abondante,* à l'autre phrase: *les grains ne seront pas bons.*

La conjonction est un mot invariable qui lie deux phrases ensemble. Ex.: *Si, ou, ni, comme, lorsque, que,* etc.

Quand le printemps est de retour, les hirondelles reparaissent.

Quelques conjonctions se trouvent au commencement de la première des deux phrases qu'elles lient. Pour les reconnaître, il faut mettre la dernière phrase avant la première, et dire:
Les hirondelles reparaissent, *quand* le printemps est de retour.

Charles *et* Auguste jouent à la balle.

La conjonction *et* semble ne lier que les deux substantifs *Charles* et *Auguste;* mais on a sous-entendu une partie de la première phrase; c'est comme si l'on disait: *Charles joue à la balle* ET *Auguste joue à la balle.*

10. INTERJECTION. *Ha!* vous voilà!
Ho! le beau spectacle!

Ha! marque un mouvement de surprise.
Ho! marque un mouvement d'admiration.

L'interjection est un mot invariable qui exprime un mouvement subit de l'âme. Ex.: *Aïe! fi! hélas! holà! hé!*

11. ORTHOGRAPHE USUELLE.

Ambition, ambassadeur, emmener, emmancher, empire, emporter.

Devant les lettres *b, m, p,* on met une *m,* au lieu d'une *n;* excepté dans les mots *bonbon, embonpoint, néanmoins, nonpareil, nous vînmes, nous tînmes.*

Dent, dentiste, dentition, dentelé, dentifrice, édenté.

Dent s'écrit par *en;* on écrit de même ses dérivés.

L'orthographe des *mots dérivés* ressemble à celle des mots d'où ils sont tirés.

Rang, ranger, arrangement.

On reconnaît que *rang* se termine par un *g,* parce qu'il y en a un dans ses dérivés: *ranger, arrangement.*

Les *dérivés* font ordinairement connaître la consonne qui doit se trouver à la fin d'un mot, quoiqu'on ne la prononce pas.

Cependant on trouve beaucoup d'exceptions à cette règle. Ex.: *Habit, habiller; tabac, tabatière.*

Noms d'arbres,	de profession.
noyer,	menuisier,
prunier,	charpentier,
cerisier,	tonnelier.

Le son final *é* s'écrit par *er* dans les noms d'arbres et dans les noms de profession.

Prudent,	prudemment,
Méchant,	méchamment,

Les adjectifs terminés par *nt* forment les adverbes qui en sont dérivés, en changeant *nt* en *mment.*

EXERCICES.

Comment divise-t-on les mots invariables?
Qu'est-ce qu'un adverbe?
Donnez des exemples d'adverbes qui se joignent à un verbe.
Des adverbes qui se joignent à un adjectif.
Quel adverbe y a-t-il dans cette phrase: *Les yeux de l'amitié se trompent rarement?*
Pourquoi *rarement* est-il un adverbe?
Qu'est-ce qu'une préposition?
Donnez des exemples de prépositions.
Quelle préposition y a-t-il dans cette phrase: *L'union fait la force dans les familles?*

Pourquoi *dans* est-il une préposition?
Qu'est-ce qu'une conjonction?
Donnez des exemples de conjonctions.
Quelle conjonction y a-t-il dans cette phrase: *Les querelles ne dureraient guère, si le tort n'était que d'un côté?*
Pourquoi *si* est-il une conjonction?
La conjonction n'est-elle pas quelquefois au commencement des deux phrases?
Comment peut-on reconnaître alors la conjonction?
Quelle conjonction y a-t-il dans cette phrase: *Lorsqu'on publie une bonne action, elle perd tout son prix?*
Pourquoi *lorsque* est-il une conjonction?

Quelle conjonction trouvez-vous dans ces phrases: *La fortune donne ordinairement de l'orgueil aux gens d'un petit esprit ou d'une sotte éducation?*
Pourquoi *ou* est-il une conjonction?
Qu'est-ce qu'une interjection?
Donnez des exemples d'interjections?
Quelle interjection y a-t-il dans cette phrase: *Ah! combien l'enfant indocile se prépare de chagrins!*
Pourquoi le mot *ah!* est-il une interjection?
Met-on une *n* ou une *m* devant les lettres *b, m, p?*
Donnez des exemples.

N'y a-t-il pas des exceptions?
À quoi ressemble l'orthographe des *mots dérivés?*
Donnez un exemple.
Comment reconnaît-on la consonne qui doit se trouver à la fin d'un mot?
Donnez un exemple?
N'y a-t-il pas des exceptions?
Comment se terminent les noms d'arbres et les noms de professions. — Des exemples.
Comment les adjectifs terminés en *nt* forment-ils les adverbes qui en sont dérivés? — Des exemples.

Imprimerie de Firmin Didot Frères, rue Jacob, n° 24.

À PARIS, CHEZ L. HACHETTE, LIBRAIRE, RUE PIERRE-SARRAZIN, N° 12, ET FIRMIN DIDOT FRÈRES, RUE JACOB, N° 24.

DEUXIÈME CLASSE, N° I.   (N. 4.)

TABLEAUX DE GRAMMAIRE,

Par MM. Meissas, Michelot et Picard.

SUBDIVISIONS DU SUBSTANTIF.

On divise les substantifs en substantifs communs et en substantifs propres.

12. SUBSTANTIF COMMUN. Maman, ville, frère, chien, montagne.

Le nom de *maman* convient à toute une classe de personnes, à toutes les mamans.

Le nom de *ville* convient à toute une espèce de choses, à toutes les villes.

Le *substantif commun* convient à toutes les personnes d'une même classe, ou à toutes les choses d'une même espèce.

13. SUBSTANTIF PROPRE. Franklin, Lyon, Pauline, la Seine, le Caucase.

Franklin était un grand homme. Le nom de *Franklin* ne convient pas à une classe de personnes.

Lyon est la seconde ville de France. *Lyon* est le nom particulier d'une ville; il ne convient pas à toute une espèce de choses.

Le *substantif propre* ne convient pas à une classe de personnes ou à une espèce de choses.

GENRES, NOMBRES.

On considère dans les noms, les genres et les nombres.

GENRES. Il y a deux genres, le masculin et le féminin.

14. GENRE MASCULIN. Charles, le taureau, le tonnelier, un ruisseau.

Le *substantif masculin* désigne un homme ou un mâle, ou peut être précédé des mots *le* ou *un*.

15. GENRE FÉMININ. Henriette, la servante, une vache, une porte.

Le *substantif féminin* est celui qui désigne une femme ou une femelle, ou qui peut être précédé des mots *la* ou *une*.

NOMBRES. Il y a deux nombres, le singulier et le pluriel.

16. NOMBRE SINGULIER. Victor, la maison, la portière, le fauteuil.

Le *nombre singulier* désigne une seule personne ou une seule chose.

17. NOMBRE PLURIEL. Les laboureurs, des champs, ces enfans, aux oiseaux.

Le *nombre pluriel* désigne plusieurs personnes ou plusieurs choses.

ORTHOGRAPHE GRAMMATICALE.

18. PLURIEL DES SUBSTANTIFS. Le livre, les livres, la maison, les maisons.

On forme ordinairement le pluriel des substantifs en ajoutant une s à la fin.

Le fils, les fils,
le nez, les nez,
la voix, les voix.

Les substantifs qui finissent au singulier par *s*, *z* ou *x*, ne changent pas au pluriel.

Le bateau, les bateaux,
le jeu, les jeux.

Les substantifs terminés au singulier par *au* ou par *eu*, prennent un *x* au pluriel.

Quelques substantifs terminés par *ou* prennent aussi un *x* au pluriel; ce sont : *bijou, caillou, chou, hibou, joujou, genou*, qui font : *les bijoux, les cailloux, les choux, les hiboux, les joujoux, les genoux.*

Les autres prennent une *s* : *le bambou, les bambous, le clou, les clous.*

Le maréchal, les maréchaux,
le mal, les maux.

Les substantifs en *al* ont leur pluriel en *aux*; excepté *les bals, les cals, les pals, les carnavals, les régals, les chacals.*

Quelques noms en *ail* font aussi leur pluriel en *aux*; ce sont : *bail, corail, émail, soupirail, travail, vantail*, qui font au pluriel : *baux, coraux, émaux, soupiraux, travaux, vantaux* (battans d'une porte).

Les autres prennent une *s* : *l'attirail, le détail, les attirails, les détails.*

Aïeul, ciel, œil, font *aïeux, cieux, yeux*; mais on dit : des *ciels* de lit, des *œils*-de-bœuf (fenêtres rondes).

EXERCICES.

Comment divise-t-on les substantifs?

Qu'est-ce qu'un substantif commun?

Donnez des exemples.

Pourquoi les noms *maman* et *ville* sont-ils des substantifs communs?

Qu'est-ce qu'un substantif propre? — Donnez des exemples.

Pourquoi les mots *Franklin* et *Lyon* sont-ils des substantifs propres?

Le *substantif Charles* est-il commun ou propre?

Faites la même question pour : *père, Philippe, canne, Rouen, pâtissier, Louise*, etc.

Quels substantifs propres et quels substantifs communs trouvez-vous dans cette phrase: *Molière avec raison consultait sa servante?*

Que considère-t-on dans les noms?

Combien y a-t-il de genres?

Qu'est-ce qu'un substantif masculin?

Donnez des exemples.

Qu'est-ce qu'un substantif féminin?

Donnez des exemples.

Quel est le genre du substantif *Auguste?*

Même question pour les substantifs suivans : *Auguste, Célestina, Eugénie, Jules, le chien, la couturière, un canif*, etc.

Quel est le genre des substantifs qui se trouvent dans cette phrase: *L'épervier vole presque dans les nues?*

Combien y a-t-il de nombres?

Qu'est-ce qu'un substantif singulier?

Donnez des exemples.

Qu'est-ce qu'un substantif pluriel?

Donnez des exemples.

Quel est le nombre des substantifs dans cette phrase : *A toutes les saisons préférons le printemps?*

Comment forme-t-on le pluriel des substantifs?

Donnez des exemples.

Comment formez-vous le pluriel des substantifs terminés en *s*, *z*, *x?*

Donnez des exemples.

Comment formez-vous au pluriel les substantifs terminés par *au* ou *eu?*

Donnez des exemples.

Comment formez-vous le pluriel du substantif *montre?*

Mêmes questions pour les substantifs *bois, nis, papier, puits, choix, manteau, veau*, etc.

Quels sont les substantifs en *ou* qui prennent un *x?*

Comment forme-t-on le pluriel des autres substantifs en *ou?*

Donnez des exemples.

Comment se forme le pluriel des substantifs en *al?*

Donnez des exemples.

Quelles sont les exceptions?

Quels substantifs changent *ail* en *aux?*

Comment se forme le pluriel des substantifs en *ail?*

Donnez des exemples.

Comment font au pluriel *aïeul, ciel, œil?*

Dit-on toujours *cieux, yeux?*

Comment formez-vous le pluriel du substantif *trou?*

Même question pour *métal, poitrail, sou, bijou, portail, bocal*, etc.

Nota. Le maître, ou le moniteur, doit faire à la fin de chaque leçon une dictée de quelques lignes, suit épelée, soit écrite. Il en trouvera dans le volume d'Exercices des mêmes auteurs.

Imprimerie de Firmin Didot Frères, rue Jacob, n° 24.

A PARIS, CHEZ L. HACHETTE, LIBRAIRE, RUE PIERRE-SARRAZIN, N° 12, ET FIRMIN DIDOT FRÈRES, RUE JACOB, N° 24.

TABLEAUX DE GRAMMAIRE,

Par MM. Meissas, Michelot et Picard.

19. Genres et nombres des pronoms.

Dieu est bon, *il* pardonne au repentir.

Le pronom *il* est masculin et singulier, parce qu'il remplace le mot *Dieu* qui est masculin et singulier.

Un bon écolier aime ses maîtres et *les* respecte.

Le pronom *les* est masculin et pluriel, parce qu'il remplace *maîtres* qui est masculin et pluriel.

Les *pronoms* sont du même genre et du même nombre que le substantif dont ils tiennent la place.

20. Genres et nombres des adjectifs.

Dieu répand ses faveurs sur *les* hommes *vertueux*.

Les adjectifs *les* et *vertueux* sont du genre masculin et du nombre pluriel, parce qu'ils se rapportent à *hommes* qui est masculin et pluriel.

Elles sont *bonnes*.

L'adjectif *bonnes* est féminin et pluriel, parce qu'il se rapporte au pronom *elles* qui est féminin et pluriel.

Les adjectifs sont du même genre et du même nombre que le substantif ou le pronom auquel ils se rapportent.

21. Pluriel des adjectifs.

Un homme bon,   des hommes bon*s*.
Un habit gri*s*,   des habits gri*s*.
Un jour heureu*x*,   des jours heureu*x*.
Un livre nouve*au*,   des livres nouve*aux*.
Un garde nation*al*,   des gardes nation*aux*.

Les adjectifs suivent, dans la formation du pluriel, les mêmes règles que les substantifs.

Quelques adjectifs en *al* prennent une *s* au pluriel; tels sont: *fatals, frugals, navals, pascals, théâtrals,* etc.

22. Féminin des adjectifs.

Un homme habile, sage, aimable.
Une femme habile, sage, aimable.

Les adjectifs terminés par un *e* muet ne changent pas au féminin.

Un homme grand, joli, brun.
Une femme grand*e*, joli*e*, brun*e*.

Tout adjectif qui n'est pas terminé par un *e* muet en prend un au féminin.

Un bonheur éternel, une gloire éterne*lle*.
Un teint vermeil, une bouche vermei*lle*.
Un monument ancien, l'histoire ancien*ne*.
Un homme bon, une femme bon*ne*.

Les adjectifs en *el, eil, ien, on,* doublent au féminin leur dernière consonne, et se terminent par un *e* muet.

Quelques autres adjectifs doublent au féminin leur dernière consonne; tels sont: *coquet, muet, net, sujet, sot, épais, gras, gros, gentil, nul, paysan,* etc., qui font: *coquette, muette, nette, sujette, sotte, épaisse, grasse, grosse, gentille, nulle, paysanne.*

Un beau livre, un bel enfant, une belle maison.
Un livre nouveau, un nouvel écrit, une vie nouvelle.
Un homme fou, un fol espoir, une folle espérance.
Un ouvrier mou, un mol abandon, une vie molle.
Un vieux soldat, le vieil homme, une vieille cheminée.

Les adjectifs *beau, nouveau, fou, mou, vieux,* font au féminin: *belle, nouvelle, folle, molle, vieille,* parce qu'on dit au masculin: *bel, nouvel, fol, mol, vieil,* devant une voyelle ou une *h* muette.

Un homme courageu*x*, une femme courage*use*.
Un homme jalou*x*, une femme jalo*use*.

Les adjectifs en *x* font leur féminin en *se;* excepté *doux, roux, faux,* qui font: *douce, rousse, fausse.*

Un habit neu*f*, une robe neu*ve*.
Un enfant naï*f*, une réponse naï*ve*.

Les adjectifs en *f* font leur féminin en *ve.*

Un éloge flatt*eur*, une parole flatt*euse*.

La plupart des adjectifs en *eur* font le féminin en *euse.* Tels sont: *danseur, joueur, menteur, prêteur, rieur, sauteur, trompeur, vendeur.*

Un pouvoir direct*eur*, une puissance direct*rice*.

Plusieurs adjectifs en *eur* changent *eur* en *rice.* Tels sont: *conducteur, corrupteur, débiteur, lecteur, libérateur, protecteur.*

Un fruit meill*eur*, une vie meill*eure*.

Quelques autres adjectifs en *eur* changent *eur* en *eure.* Comme *extérieur, intérieur, inférieur, majeur.*

Vengeur, enchanteur, pécheur, font: *vengeresse, enchanteresse, pécheresse.*

Chasseur fait *chasseuse* et *chasseresse.*

Un homme aut*eur*, une femme aut*eur*.

Quelques adjectifs en *eur* ne changent pas au féminin. Tels sont: *orateur, traducteur.*

Public, caduc, turc, grec, font: *publique, caduque, turque, grecque.*

Blanc, franc, sec, font: *blanche, franche, sèche.*

Long, malin, bénin, font: *longue, maligne, bénigne.*

Favori, absous, tiers, frais, font: *favorite, absoute, tierce, fraiche.*

EXERCICES.

De quel genre et de quel nombre sont les pronoms?

De quel genre et de quel nombre est le pronom *celui* dans cette phrase: *Le cri du héron ressemble à celui d'un enfant qui ne sait pas encore parler?*

De quel genre est le pronom *qui* dans la même phrase?

De quel genre et de quel nombre sont les adjectifs?

De quel genre et de quel nombre est l'adjectif *mauvais* dans cette phrase: *Le lion s'irrite des mauvais traitemens?*

Comment forme-t-on le pluriel des adjectifs?

Écrivez, ou dites comment l'on écrit au singulier et au pluriel les adjectifs: *utile, joli, bas, niais, beau, jumeau, creux, glorieux, capital, féodal, principal.*

Citez quelques adjectifs en *al* qui prennent une *s* au pluriel.

Comment forme-t-on le pluriel des adjectifs terminés au masculin par un *e* muet?

Comment écrit-on au masculin et au féminin les adjectifs *volage, agréable, fidèle,* etc.?

Comment forme-t-on le féminin des adjectifs qui ne sont pas terminés par un *e* muet?

Comment écrit-on au féminin *sain, pur, poli, prudent, chéri, inconnu?*

Comment forme-t-on le féminin des adjectifs terminés par *el, eil, ien, on?*

Écrivez au féminin: *habituel, réel, spirituel, pareil, parisien, chrétien, païen, bourguignon, breton.*

Donnez des exemples d'autres adjectifs qui doublent au féminin leur dernière consonne.

Quel est le féminin des adjectifs *beau, nouveau, fou, mou, vieux?*

Dans quel cas dit-on au masculin *bel, nouvel, fol, mol, vieil?*

Quel est le féminin des adjectifs en *x?*

Donnez des exemples.

Quelles sont les exceptions?

Mêmes questions pour les adjectifs en *f,* en *eur,* et pour tous les autres adjectifs qui se trouvent dans cet article.

Les adjectifs en *eur* changent-ils tous au féminin?

Écrivez au féminin les adjectifs *peureux, mousseux, vif, actif, pleureur, vendeur, conducteur, libérateur, extérieur, intérieur,* etc.

Imprimerie de Firmin Didot Frères, rue Jacob, n° 24.

À PARIS, CHEZ L. HACHETTE, LIBRAIRE, RUE PIERRE-SARRAZIN, N° 12, ET FIRMIN DIDOT FRÈRES, RUE JACOB, n° 24.

ENSEIGNEMENT MUTUEL ET ENSEIGNEMENT SIMULTANÉ.

DEUXIÈME CLASSE, N° III.

(N. 6.)

TABLEAUX DE GRAMMAIRE,

Par MM. Meissas, Michelot et Picard.

DIFFÉRENTES ESPÈCES D'ADJECTIFS DÉTERMINATIFS.

On divise les adjectifs déterminatifs en adjectifs possessifs, démonstratifs, interrogatifs, articles, adjectifs de nombre, et adjectifs indéterminés.

23. Adjectif possessif. Donnez-moi *mon* épée.

Mon est un adjectif possessif, parce qu'il exprime la possession, en déterminant à qui appartient l'épée.

Les *adjectifs possessifs* expriment la possession; ce sont : Mon, ma, mes, notre, nos, ton, ta, tes, votre, vos, son, sa, ses, leur, leurs.

24. Adjectif démonstratif. *Ce* livre est amusant.

Ce désigne le livre comme s'il était présent, comme s'il le montrait.

Les *adjectifs démonstratifs* désignent le substantif comme présent; ce sont : ce, cet, cette, ces.

25. Adjectif interrogatif. *Quel* chemin prendrez-vous ?

Quel est adjectif interrogatif, parce qu'il exprime l'interrogation.

Je ne sais *quelle* est ma place.

Quelle est adjectif interrogatif, parce qu'il exprime l'incertitude.

Les *adjectifs interrogatifs* expriment l'interrogation ou l'incertitude; ce sont : quel, quelle.

26. Article. *Le* cheval est un animal très-utile.

L'article *le* fait connaître que le substantif *cheval* est masculin singulier.

Les enfans jouent dans *la* cour.

L'article *les* fait connaître que le substantif *enfans* est au pluriel.

Les *adjectifs articles* font connaître le nombre et quelquefois le genre du substantif auquel ils se joignent; ce sont : *le, la, les, du, des, au, aux.*

Les mots *le, la, les* sont quelquefois employés comme pronoms; c'est quand ils sont joints à un verbe :

Je *le* prends, tu *la* vois, écoutons-*les.*

27. Adjectif de nombre. *Un, deux, premier, second, vingt, cent, vingtième, centième.*

Les *adjectifs de nombre* déterminent, soit le nombre des personnes ou des choses, soit l'ordre dans lequel elles sont placées.

On appelle *cardinaux* ceux de ces adjectifs qui expriment le nombre des personnes ou des choses; tels sont : *un, dix, quinze, vingt.*

On appelle *ordinaux* ceux qui désignent l'ordre dans lequel les personnes ou les choses sont placées; tels sont : *premier, second, quinzième, vingtième.*

28. Adjectif indéterminé. *Tout* homme a des devoirs à remplir.

Tout est un adjectif indéterminé, parce qu'il indique que le substantif homme auquel il est joint est pris dans un sens général.

Les *adjectifs indéterminés* indiquent que le substantif auquel ils sont joints est employé d'une manière générale ou indéterminée.

Ce sont : *nul, tout, autre, tel, plusieurs, chaque, quelque, quelconque, aucun, même, certain, maint.*

EXERCICES.

Qu'est-ce que les *adjectifs possessifs ?*
Quels sont-ils ?
Donnez une phrase où il y ait un *adjectif possessif.*
Quelle espèce d'adjectif trouvez-vous dans cette phrase : *On rabaisse celui qui cherche à vanter son mérite ?*
Pourquoi son est-il possessif ?
Qu'est-ce que les *adjectifs démonstratifs ?*
Quels sont-ils ?
Donnez une phrase où il y ait un *adjectif démonstratif.*

Qu'est-ce que les *adjectifs interrogatifs ?*
Quels sont-ils ?
Donnez une phrase avec un *adjectif qui exprime l'interrogation.*
Donnez une phrase avec un *adjectif qui exprime l'incertitude.*
Qu'est-ce que les *articles ?*
Quels sont-ils ?
Donnez deux phrases où il y ait des *articles ?*
Quelles espèces d'adjectif trouvez-vous dans cette phrase : *En regardant l'univers, on se demande naturellement quelle puis-*

sance infinie a présidé à cet ordre admirable ?
Pourquoi *le* est-il article ? — quelle *interrogatif ?* — cet *démonstratif ?*
Qu'est-ce que les *adjectifs de nombre ?*
Donnez des exemples.
Comment divise-t-on les *adjectifs de nombre ?*
Qu'est-ce que les *nombres cardinaux ?*
Donnez des exemples.
Qu'est-ce que les *nombres ordinaux ?*
Donnez des exemples.
Qu'est-ce que les *adjectifs indéterminés ?*

Quels sont-ils ?
Donnez une phrase où il y ait un *adjectif indéterminé ?*
Quels adjectifs trouvez-vous dans cette phrase : *L'oiseau nommé Moqueur a le talent de contrefaire une partie du chant des autres oiseaux ?*
Pourquoi *une* est-il un adjectif de nombre cardinal ? — *autre,* adjectif indéterminé ?
Quelles sont les différentes espèces d'adjectifs ?

Imprimerie de Firmin Didot Frères, rue Jacob, n° 24.

PARIS, CHEZ L. HACHETTE, LIBRAIRE, RUE PIERRE-SARRAZIN, N° 12, ET FIRMIN DIDOT FRÈRES, RUE JACOB, N° 24.

TABLEAUX DE GRAMMAIRE,

Par MM. Meissas, Michelot et Picard.

29. Orthographe des noms de nombre.

Un homme,	*une* femme,
vingt soldats,	*quatre-vingts* soldats,
quatre-vingt-six soldats,	l'hospice des *Quinze-Vingts*,
cent francs,	*trois cents* francs,
trois cent trente francs.	

Les *noms de nombre cardinaux* sont en général invariables; cependant *un* fait au féminin *une*, *vingt* et *cent* prennent une s lorsqu'ils expriment plusieurs *vingts* ou plusieurs *cents*, et qu'ils ne sont pas suivis d'un autre nombre.

L'an quatre *mille*, l'an *mil* quatre cent, l'an *mil* huit cent quatre-vingt.

Mille s'écrit *mil*, quand on indique la date des années, et qu'il est suivi d'un autre nombre. Dans ce cas, *cent* et *vingt* ne prennent pas de s, parce qu'ils sont employés pour *centième* et *vingtième*; c'est comme si l'on disait *mille quatre centième*, et *mille huit cent quatre-vingtième*.

Million et *milliard* prennent aussi la marque du pluriel : *trois millions, quatre milliards.*

Quelque puissans qu'ils soient, ils sont ce que nous sommes.

Quelque, joint à un adjectif suivi immédiatement du mot *que*, est un adverbe invariable.

Quelques crimes toujours précèdent les grands crimes.

Quelque, joint à un substantif, est un adjectif qui s'accorde avec ce substantif.

Quels que soient ses penchans, le sage les surmonte.

Quel que, quelle que, s'écrit en deux mots, lorsqu'il se joint à un verbe; le mot *quel* est alors un adjectif qui s'accorde avec son substantif.

Leurs enfans,	je *leur* parle,
leurs richesses,	il *leur* écrit.

Leur prend une s, quand il se joint à un substantif pluriel, mais il n'en prend pas s'il est suivi d'un verbe.

DIFFÉRENTES ESPÈCES DE PRONOMS.

On divise tous les pronoms en pronoms *possessifs, démonstratifs, relatifs, interrogatifs, indéterminés* et *personnels.*

30. Pronom possessif. Ce livre est le *vôtre.*

Vôtre est un pronom possessif, parce qu'il indique la possession, et fait connaître à qui appartient le livre.

Les *pronoms possessifs* expriment la possession.

Ce sont: le mien, la mienne, le nôtre, la nôtre, le tien, la tienne, le vôtre, la vôtre, le sien, la sienne, le leur, la leur.

31. Pronom démonstratif. De toutes ces boîtes, j'aime mieux *celle* qui est près de moi.

Celle, indiquant la boîte comme présente, est un pronom démonstratif.

Les *pronoms démonstratifs* indiquent ordinairement une personne ou une chose, comme si elle était présente. Ce sont: *celui, celle, ceux, ce, celui-ci, ceci, celui-là, cela.*

32. Pronom relatif. Une grenouille vit un bœuf *qui* lui sembla de belle taille.

Qui est un pronom relatif, parce qu'il joint la phrase *lui sembla de belle taille* au substantif *bœuf* dont il tient la place.

Les *pronoms relatifs* joignent une phrase au substantif ou au pronom dont ils tiennent la place. Ce sont: *qui, que, quoi, dont, lequel, où.*

33. Pronom interrogatif. *Qui* frappe à la porte?

Qui est un pronom interrogatif, parce qu'il exprime l'interrogation.

Je ne sais *lequel* je dois prendre.

Lequel est interrogatif, parce qu'il exprime l'incertitude.

Les *pronoms interrogatifs* sont ceux qui expriment l'interrogation ou l'incertitude. Ce sont: *qui, que, quoi, lequel.*

34. Pronom indéterminé. *Quelqu'un* viendra nous voir.

Quelqu'un est un pronom indéterminé, parce qu'il désigne d'une manière indéterminée une personne qui viendra nous voir.

Les *pronoms indéterminés* indiquent une personne ou une chose d'une manière générale ou indéterminée. Ce sont: *nul, chacun, quelqu'un, personne, aucun, tout, rien, autre, on, quelconque, l'un, l'autre, tel, plusieurs, autrui, le même.*

35. Pronom personnel. *Vous* courez à votre perte.

Vous est un pronom personnel, parce qu'il indique que le substantif qu'il remplace est à la deuxième personne.

Les *pronoms personnels* indiquent plus particulièrement à quelle personne est le nom qu'ils remplacent. Ce sont: *je, me, moi, nous,* qui désignent la première personne, c'est-à-dire celle qui parle; *tu, te, toi, vous,* qui désignent la seconde personne, c'est-à-dire celle à qui l'on parle; *il, lui, elle, se, soi, le, la, les, y, en, eux, leur,* qui désignent la troisième personne, c'est-à-dire la personne ou la chose dont on parle.

EXERCICES.

Parmi les noms de nombres cardinaux, quels sont ceux qui sont variables?

Quand *cent* et *vingt* prennent-ils une *s*, et quand n'en prennent-ils point?

Quand *mille* s'écrit-il *mil*?

Quand on parle de la date des années, *cent* et *vingt* prennent-ils une *s*?

Quels sont les autres nombres qui prennent la marque du pluriel?

Comment écrivez-vous : *vingt-huit, quatre-vingts matelots, cent plumes, deux cent quarante plumes, trois cent francs, l'an mil huit cent, l'an mil trois cent quatre-vingt, quatre milliards, deux millions?*

Dans quel cas *quelque* est-il invariable?

Donnez un exemple.

Dans quel cas est-il variable?

Donnez un exemple.

Dans quel cas s'écrit-il en deux mots?

Donnez un exemple.

Quand *leur* prend-il une *s*?

Donnez un exemple.

Quand n'en prend-il pas?—Un exemple.

Qu'est-ce que les *pronoms possessifs*?

Nommez-les. — Donnez une phrase pour le pronom possessif.

Quelle espèce de pronom trouvez-vous dans cette phrase: *Les enfans doivent avoir confiance en la prudence de leurs parens, parce qu'elle supplée à la leur*?

Pourquoi *la leur* est-il possessif?

Qu'est-ce que les *pronoms démonstratifs*?

Nommez-les. — Donnez une phrase.

Quelle espèce de pronom trouvez-vous dans cette phrase: *L'odeur de l'héliotrope a du rapport avec celle de la vanille*?

Pourquoi *celle* est-il démonstratif?

Qu'est-ce que les *pronoms relatifs*?

Nommez-les. — Donnez une phrase.

Quelle espèce de pronom trouvez-vous dans cette phrase: *La neige est un manteau qui préserve la terre des rigueurs de l'hiver*?

Pourquoi *qui* est-il relatif?

Qu'est-ce que les *pronoms interrogatifs*?

Nommez-les. — Donnez deux phrases.

Qu'est-ce que les *pronoms indéterminés*?

Nommez-les. — Donnez une phrase.

Qu'est-ce que les *pronoms personnels*?

Nommez-les. — Donnez une phrase.

Quelles espèces de pronoms y a-t-il dans cette phrase: *Si nous ne voulons pas céder au goût des autres; qui voudra, mes enfans, jamais céder aux nôtres*?

Pourquoi *nous* est-il personnel? — autre indéterminé? — qui interrogatif?

Quelles sont les différentes espèces de pronoms?

Imprimerie de Firmin Didot Frères, rue Jacob, n° 24.

A PARIS, CHEZ L. HACHETTE, LIBRAIRE, RUE PIERRE SARRAZIN, N° 12, ET FIRMIN DIDOT FRÈRES, RUE JACOB, N° 24.

TABLEAUX DE GRAMMAIRE,

Par MM. Meissas, Michelot et Picard.

VERBE.

36. MODIFICATIONS GRAMMATICALES DU VERBE.

On considère dans les verbes le nombre, la personne, le temps, le mode.

On considère aussi le sujet auquel le verbe se rapporte.

SUJET. *L'or est* un métal jaune.

Qui est? — C'est *l'or.* — *L'or* est le sujet de *est.*

Dieu sait tout ce que nous faisons.

Qui sait? — C'est *Dieu.* — *Dieu* est le sujet de *sait.*

On appelle *sujet* la personne ou la chose qui est ou qui agit. On reconnaît le sujet d'un verbe en faisant devant ce verbe la question *qui?* ou *quoi?*

37. NOMBRE DES VERBES.

Verbe de NOMBRE SINGULIER. Je *chante.*

Chante est du nombre singulier, parce que son sujet *je* est au singulier.

Un verbe de *nombre singulier* est celui qui se joint à un sujet singulier.

Verbe de NOMBRE PLURIEL. Les loups *mangent* gloutonnement.

Mangent est au pluriel, parce que son sujet *loups* est pluriel.

Le verbe de *nombre pluriel* est celui qui se joint à un sujet pluriel.

La mouche et la fourmi *disputaient* de leur prix.

Disputaient est au pluriel, parce qu'il a pour sujet la *mouche* et la *fourmi*, qui sont deux choses et valent par conséquent un pluriel.

38. PERSONNES DES VERBES.

On appelle *première personne,* la personne qui parle.

La *deuxième personne* est celle à qui l'on parle.

La *troisième personne* est la personne ou la chose dont on parle.

39. PREMIÈRE PERSONNE. Je *chante* ce héros qui régna sur la France.

Chante est à la première personne, parce que son sujet *je* exprime la première personne, c'est-à-dire celle qui parle.

A peine nous *sortions* des portes de Trézène.

Sortions est de la première personne, parce que son sujet *nous* est de la première personne.

Partons ensemble.

Partons est de la première personne, parce que son sujet *nous*, sous-entendu, est de la première personne.

Un verbe de *première personne* est celui qui a pour sujet l'un des pronoms de première personne *je* ou *nous*, c'est-à-dire la personne qui parle.

40. DEUXIÈME PERSONNE. Dieu des Juifs, tu *l'emportes!*

Emportes est de la deuxième personne, parce que son sujet *tu* exprime la deuxième personne, c'est-à-dire celle à qui l'on parle.

Vous *chantiez.*

Chantiez est de la deuxième personne, parce que son sujet *vous* exprime la deuxième personne.

Dansez maintenant.

Dansez est de la deuxième personne, parce que son sujet *vous*, sous-entendu, est de la deuxième personne.

Un verbe de *deuxième personne* est un verbe qui a pour sujet l'un des pronoms de deuxième personne, *tu* ou *vous*, c'est-à-dire la personne à laquelle on parle.

41. TROISIÈME PERSONNE. Le corbeau *laissa* tomber sa proie.

Laissa est de la troisième personne, parce que son sujet *corbeau* est la troisième personne, c'est-à-dire la chose dont on parle.

Il *créa* le ciel et la terre.

Créa est à la troisième personne, parce que son sujet *il* est la personne dont on parle.

Un verbe de *troisième personne* est un verbe qui a pour sujet un pronom de troisième personne, ou un substantif, c'est-à-dire la personne ou la chose dont on parle. Ex.: *Il écoute, elle rit, ils jouent, elles pleuraient, on travaille, Paul viendra.*

TEMPS.

Il y a trois temps généraux: le présent, le passé, et le futur.

42. TEMPS PRÉSENT. Je vous *donne* un avis.

Donne est du temps présent, parce qu'il exprime que l'on donne un avis dans le moment où l'on parle.

Un verbe de *temps présent* exprime que le sujet est ou agit dans le moment où l'on parle.

43. TEMPS PASSÉ. Colomb *découvrit* l'Amérique en mil quatre cent quatre-vingt-douze.

Découvrit est de temps passé, parce qu'il exprime que Colomb découvrit avant le moment où l'on parle.

Un verbe de *temps passé* exprime que le sujet a été ou qu'il a agi avant le moment où l'on parle.

44. TEMPS FUTUR. Le guerrier *saura* défendre son pays.

Saura est de temps futur, parce qu'il exprime que le guerrier saura défendre après le moment où l'on parle.

Un verbe de *temps futur* exprime que le sujet sera ou qu'il agira après le moment où l'on parle.

EXERCICES.

Que considère-t-on dans les verbes? Qu'est-ce que le sujet? — Donnez un exemple. Comment reconnaît-on le sujet d'un verbe? Quel est le sujet de cette phrase : *Le cobalt donne une belle couleur bleue?* Pourquoi *cobalt* est-il le sujet? Qu'est-ce qu'un verbe de nombre singulier? — Donnez un exemple. Qu'est-ce qu'un verbe de nombre pluriel? — Donnez un exemple.

De quel nombre est le verbe *était* dans cette phrase : *La concorde des premiers chrétiens était admirable?* — Pourquoi *était* est-il singulier? De quel nombre est le verbe dans cette phrase: *Les bonnes actions fructifient?* — Pourquoi *fructifient* est-il pluriel? Qu'est-ce que la première personne? — la deuxième personne? — la troisième personne? Qu'est-ce qu'un verbe de première personne? — Donnez trois exemples.

Qu'est-ce qu'un verbe de deuxième personne? — Donnez trois exemples. Qu'est-ce qu'un verbe de troisième personne? — Donnez trois exemples. A quelle personne sont les verbes dans cette phrase: *Calypso dit à Télémaque: Vous voyez avec quelle faveur je vous reçois?* Nota. Faites dire à l'élève pourquoi chaque verbe est à la personne que lui-même aura indiquée. Combien y a-t-il de temps généraux?

Qu'est-ce qu'un verbe de temps présent? — Donnez un exemple. Qu'est-ce qu'un verbe de temps passé? — Donnez un exemple. Qu'est-ce qu'un verbe de temps futur? — Donnez un exemple. A quel temps sont les verbes dans ces phrases: *Le cèdre croît sur les plus hauts sommets du mont Liban. — Aristide sortit pauvre de l'administration des finances. — Quand l'hiver sera passé, comme le soleil du Mai nous paraîtra beau!*

Imprimerie de Firmin Didot Frères, rue Jacob, n° 24.

A PARIS, CHEZ HACHETTE, LIBRAIRE, RUE PIERRE-SARRAZIN, N° 12, ET FIRMIN DIDOT FRÈRES, RUE JACOB, N° 24.

TABLEAUX DE GRAMMAIRE,

Par MM. Meissas, Michelot et Picard.

45. MODES.

On entend par *modes* des verbes les différentes manières d'exprimer l'existence ou l'action, indépendamment du nombre, de la personne et du temps.

On divise les *modes* en *modes personnels* et *modes impersonnels*.

MODES PERSONNELS. Je *cours*, tu *cours*, il *court*, nous *courons*, vous *courez*, ils *courent*: les hommes *courent*.

Dans les *modes personnels*, la forme du verbe varie selon la personne et le nombre du sujet. On voit que le mode personnel se joint à un pronom personnel ou à un substantif qui est le sujet du verbe.

Les *modes personnels* sont l'indicatif, le conditionnel, l'impératif, et le subjonctif.

MODES IMPERSONNELS.

| Je veux *courir*, | j'ai *couru*, | en *courant* je suis tombé; |
| ils veulent *courir*, | ils ont *couru*, | en *courant*, mes frères sont tombés. |

Dans les *modes impersonnels*, la forme du verbe n'est point sujette aux variations de personne et de nombre.

Les *modes impersonnels* sont l'infinitif et le participe.

MODES PERSONNELS.

46. INDICATIF. Je vous *paierai*, avant l'oût, foi d'animal.

Paierai est au mode *indicatif*, parce qu'il affirme que l'on fera l'action de payer, et qu'il fait un sens complet sans le secours d'un autre verbe.

La chétive pécore *s'enfla* si bien qu'elle *creva*.

Creva est à l'indicatif, parce qu'il affirme que la pécore (la grenouille) creva, et qu'il peut faire un sens complet sans le secours du verbe *s'enfla*.

Le *mode indicatif* affirme l'existence ou l'action, et peut faire un sens complet sans se lier à un autre verbe.

47. CONDITIONNEL. Si tu n'avais servi qu'un meunier, comme moi,
Tu ne *serais* pas si malade.

Serais est au conditionnel, parce qu'il exprime qu'on serait moyennant une condition, *si tu n'avais servi qu'un meunier, comme moi*.

Le *mode conditionnel* exprime qu'on serait ou qu'on agirait moyennant une condition.

48. IMPÉRATIF. Creusez, *fouillez*, *béchez*, ne *laissez* nulle place
Où la main ne passe et repasse.

Creusez, fouillez, béchez, sont à l'impératif, parce qu'ils expriment un commandement.

Laissez-moi carpe devenir,
Je serai par vous repêchée.

Laissez est à l'impératif, parce qu'il exprime une prière.

Le *mode impératif* exprime un commandement ou une prière.

49. SUBJONCTIF. Aux usages reçus il faut qu'on *s'accommode*.

Accommode est au subjonctif, parce qu'il est précédé de la conjonction *que*, et qu'il dépend du verbe *il faut*, qui exprime la nécessité.

Le *mode subjonctif* est ordinairement précédé de la conjonction *que*, et dépend d'un autre verbe dont le sens exprime le doute, le désir, la crainte, la possibilité ou la nécessité.

MODES IMPERSONNELS.

50. INFINITIF. Rien ne sert de *courir*, il faut *partir* à point.

Courir et *partir* sont à l'infinitif, parce qu'ils expriment d'une manière générale, c'est-à-dire sans être sujets aux variations de nombre et de personne, l'action de courir et de partir.

Le *mode infinitif* exprime l'existence ou l'action d'une manière générale.

L'infinitif est toujours terminé par *er, ir, oir, re*: Aimer, finir, recevoir, rendre.

51. PARTICIPE. Épaminondas en *mourant* vit fuir les Lacédémoniens.

Mourant est un participe, parce qu'il est terminé en *ant*.

Votre père est *chéri* de tout le monde.

Chéri est un participe, parce qu'il est accompagné du verbe *être*.

Le *mode participe* est terminé par *ant* ou se lie à l'un des verbes *être* ou *avoir*, comme: *courant, instruit, battu, trompé, puni*.

REMARQUE SUR LES TEMPS. Les temps de chaque mode sont simples ou composés.

52. TEMPS SIMPLES. Je *chante*, vous *sortiez*, tu *viens*, il *ira*, nous *voudrions*, qu'ils *sortissent*.

Les *temps simples* sont ceux où le verbe s'exprime par un seul mot.

53. TEMPS COMPOSÉS. J'ai *chanté*, tu *es sorti*, ils *eussent été vaincus*.

Les *temps composés* sont ceux où le verbe s'exprime par plusieurs mots, qui sont un des temps du verbe *être* ou *avoir* et un participe. Les verbes *être* et *avoir* s'appellent alors *auxiliaires*.

54. CONJUGAISONS. Chanter, finir, recevoir, rendre.

Les verbes se partagent en quatre conjugaisons: la première à l'infinitif terminé en *er*, comme chanter; la deuxième en *ir*, comme finir; la troisième en *oir*, comme recevoir; la quatrième en *re*, comme rendre.

EXERCICES.

Qu'entend-on par *modes*?
Comment divise-t-on les modes?
Qu'est-ce que les modes personnels?
Donnez des exemples.
Quels sont les modes personnels?
Qu'est-ce que les modes impersonnels?
Donnez des exemples.
Quels sont les modes impersonnels?
Qu'est-ce que l'*indicatif*?
Donnez deux phrases avec un verbe de mode indicatif.
Qu'est-ce que le *conditionnel*?
A quels modes sont les verbes de cette phrase: *Sans lui, j'aurais fait connaissance*

avec cet animal qui m'a semblé si doux?
Pourquoi *aurais fait* est-il au conditionnel? — Pourquoi a *semblé* est-il à l'indicatif?
Qu'est-ce que l'*impératif*?
Donnez une phrase.
Qu'est-ce que le *subjonctif*?
Donnez une phrase.
A quels modes sont les verbes de cette phrase: *Si je devais vendre ma liberté, grand Dieu, je te dirais: commande que je meure!*
Pourquoi *devais* est-il à l'indicatif? — *dirais* au conditionnel? — *commande* à l'impératif? — *meure* au subjonctif?
Qu'est-ce que l'*infinitif*?

Donnez une phrase.
Comment est terminé l'infinitif?
Donnez des exemples.
Qu'est-ce que le *participe*?
Donnez une phrase pour un participe en *ant*.
Donnez une phrase pour un participe accompagné d'*être* ou d'*avoir*.
A quels modes sont les verbes de cette phrase: *Nous avons vu saint Louis aimant à rendre la justice, assis sous un chêne?*
Pourquoi *vu* est-il participe? — *aimant* participe? — *assis* participe? — *rendre* à l'infinitif?
Comment divise-t-on les temps des verbes?

Qu'est-ce que les *temps simples*?
Donnez des exemples.
Qu'est-ce que les *temps composés*?
Donnez des exemples.
Comment s'appellent *être* et *avoir* dans les temps composés?
La modestie était demeurée en un coin.
Elle fut oubliée; on ne la voyait point.
Était demeurée est-il un temps simple ou un temps composé? — Même question pour *fut oubliée* et *voyait*.
Combien y a-t-il de conjugaisons dans les verbes?
Donnez des exemples.

Imprimerie de Firmin Didot Frères, rue Jacob, n° 24.

A PARIS, CHEZ L. HACHETTE, LIBRAIRE; RUE PIERRE-SARRAZIN, N° 12, ET FIRMIN DIDOT FRÈRES, RUE JACOB, N° 24.

TABLEAUX DE GRAMMAIRE,

Par MM. Meissas, Michelot et Picard.

Conjugaison des Verbes.

On appelle conjuguer un verbe, lui faire subir les différentes inflexions de nombres, de personnes, de temps, de modes, et réunir toutes ces inflexions dans un ordre régulier.

55. VERBE AUXILIAIRE *AVOIR*.

MODE INDICATIF.

Temps simples.	*Temps composés.*
PRÉSENT.	**PASSÉ INDÉFINI.**
J'ai.	J'ai eu.
Tu as.	Tu as eu.
Il a.	Il a eu.
Nous avons.	Nous avons eu.
Vous avez.	Vous avez eu.
Ils ont.	Ils ont eu.
IMPARFAIT.	**PLUS-QUE-PARFAIT.**
J'avais.	J'avais eu.
Tu avais.	Tu avais eu.
Il avait.	Il avait eu.
Nous avions.	Nous avions eu.
Vous aviez.	Vous aviez eu.
Ils avaient.	Ils avaient eu.
PASSÉ DÉFINI.	**PASSÉ ANTÉRIEUR.**
J'eus.	J'eus eu.
Tu eus.	Tu eus eu.
Il eut.	Il eut eu.
Nous eûmes.	Nous eûmes eu.
Vous eûtes.	Vous eûtes eu.
Ils eurent.	Ils eurent eu.
FUTUR.	**FUTUR ANTÉRIEUR.**
J'aurai.	J'aurai eu.
Tu auras.	Tu auras eu.
Il aura.	Il aura eu.
Nous aurons.	Nous aurons eu.
Vous aurez.	Vous aurez eu.
Ils auront.	Ils auront eu.

MODE CONDITIONNEL.

PRÉSENT.	**PASSÉ.**
J'aurais.	J'aurais eu.
Tu aurais.	Tu aurais eu.
Il aurait.	Il aurait eu.
Nous aurions.	Nous aurions eu.
Vous auriez.	Vous auriez eu.
Ils auraient.	Ils auraient eu.

DEUXIÈME PASSÉ.

J'eusse eu.
Tu eusses eu.
Il eût eu.
Nous eussions eu.
Vous eussiez eu.
Ils eussent eu.

MODE IMPÉRATIF.

PRÉSENT.

Aie.
Qu'il ait.
Ayons.
Ayez.
Qu'ils aient.

MODE SUBJONCTIF.

PRÉSENT.		**PARFAIT.**
Que j'aie.		Que j'aie eu.
Que tu aies.		Que tu aies eu.
Il faut Qu'il ait.		*Il a fallu* Qu'il ait eu.
Que nous ayons.		Que nous ayons eu.
Que vous ayez.		Que vous ayez eu.
Qu'ils aient.		Qu'ils aient eu.
IMPARFAIT.		**PLUS-QUE-PARFAIT.**
Que j'eusse.		Que j'eusse eu.
Que tu eusses.		Que tu eusses eu.
Il fallait Qu'il eût.		*Il aurait fallu* Qu'il eût eu.
Que nous eussions.		Que nous eussions eu.
Que vous eussiez.		Que vous eussiez eu.
Qu'ils eussent.		Qu'ils eussent eu.

MODE INFINITIF.

PRÉSENT.	**PASSÉ.**
Avoir.	Avoir eu.

MODE PARTICIPE.

PRÉSENT.	**PASSÉ COMPOSÉ.**
Ayant.	Ayant eu.

PASSÉ.

Eu.

EXERCICES.

Récitez le présent de l'indicatif du verbe avoir, — l'imparfait, — le plus-que-parfait, etc.

Combien y a-t-il de temps à l'indicatif? Combien de temps simples? — Quels sont-ils?

Combien de temps composés? — Quels sont-ils?

Récitez le présent du conditionnel. — Les deux passés.

Combien y a-t-il de temps au conditionnel? — Quels sont-ils?

Y a-t-il une première personne du singulier à l'impératif?

Quel est le participe présent du verbe avoir? — le participe passé? — le passé de l'infinitif?

Mêmes questions pour les autres modes.

Quel est le temps simple du verbe avoir qui se trouve joint au participe eu dans le passé indéfini? — dans le plus-que-parfait de l'indicatif? — dans le futur antérieur? etc.

Quelle est la deuxième personne du singulier au présent de l'indicatif? — à l'imparfait? — au futur? — au présent du subjonctif? etc.

Quelle est la première personne du pluriel du présent de l'indicatif? — du présent du conditionnel? — du plus-que-parfait du subjonctif? etc. — Faites la même question pour chaque personne du singulier et du pluriel, à tous les temps.

Exercez les élèves à conjuguer le verbe en récitant d'abord toutes les premières personnes du singulier, ensuite toutes les secondes, etc., comme: j'ai, j'avais, j'eus, etc.; — tu as, tu avais, tu eus, etc.

Qu'est-ce que j'eus? (L'élève doit dire dans sa réponse à quel nombre, à quelle personne, à quel temps et à quel mode est ce verbe.)

Qu'est-ce que tu avais? — il aura? — vous auriez? — il a? — nous aurions eu? ils auraient eu? — ayant? — avoir eu? etc.

— Même question pour toutes les autres formes du verbe.

Imprimerie de Firmin Didot Frères, rue Jacob, n° 24.

A PARIS, CHEZ L. HACHETTE, LIBRAIRE, RUE PIERRE-SARRAZIN, N° 12, ET FIRMIN DIDOT FRÈRES, RUE JACOB, N° 24.

TABLEAUX DE GRAMMAIRE,

Par MM. Meissas, Michelot et Picard.

56. VERBE AUXILIAIRE *ÊTRE.*

INDICATIF.

Temps simples.	*Temps composés.*
PRÉSENT.	**PASSÉ INDÉFINI.**
Je suis.	J'ai été.
Tu es.	Tu as été.
Il est.	Il a été.
Nous sommes.	Nous avons été.
Vous êtes.	Vous avez été.
Ils sont.	Ils ont été.
IMPARFAIT.	**PLUS-QUE-PARFAIT.**
J'étais.	J'avais été.
Tu étais.	Tu avais été.
Il était.	Il avait été.
Nous étions.	Nous avions été.
Vous étiez.	Vous aviez été.
Ils étaient.	Ils avaient été.
PASSÉ DÉFINI.	**PASSÉ ANTÉRIEUR.**
Je fus.	J'eus été.
Tu fus.	Tu eus été.
Il fut.	Il eut été.
Nous fûmes.	Nous eûmes été.
Vous fûtes.	Vous eûtes été.
Ils furent.	Ils eurent été.
FUTUR.	**FUTUR ANTÉRIEUR.**
Je serai.	J'aurai été.
Tu seras.	Tu auras été.
Il sera.	Il aura été.
Nous serons.	Nous aurons été.
Vous serez.	Vous aurez été.
Ils seront.	Ils auront été.

CONDITIONNEL.

PRÉSENT.	**PASSÉ.**
Je serais.	J'aurais été.
Tu serais.	Tu aurais été.
Il serait.	Il aurait été.
Nous serions.	Nous aurions été.
Vous seriez.	Vous auriez été.
Ils seraient.	Ils auraient été.

DEUXIÈME PASSÉ.

J'eusse été.
Tu eusses été.
Il eût été.
Nous eussions été.
Vous eussiez été.
Ils eussent été.

IMPÉRATIF.

PRÉSENT.

Sois.
Qu'il soit.
Soyons.
Soyez.
Qu'ils soient

SUBJONCTIF.

	PRÉSENT.		**PARFAIT.**
Il est possible	Que je sois. Que tu sois. Qu'il soit. Que nous soyons. Que vous soyez. Qu'ils soient.	*Il est possible*	Que j'aie été. Que tu aies été. Qu'il ait été. Que nous ayons été. Que vous ayez été. Qu'ils aient été.
	IMPARFAIT.		**PLUS-QUE-PARFAIT.**
Il était possible	Que je fusse. Que tu fusses. Qu'il fût. Que nous fussions. Que vous fussiez. Qu'ils fussent.	*Il serait possible*	Que j'eusse été. Que tu eusses été. Qu'il eût été. Que nous eussions été. Que vous eussiez été. Qu'ils eussent été.

INFINITIF.

PRÉSENT.	**PASSÉ.**
Être.	Avoir été.

PARTICIPE.

PRÉSENT.	**PASSÉ COMPOSÉ.**
Étant.	Ayant été.
PASSÉ.	
Été.	

EXERCICES.

Récitez le présent de l'indicatif du verbe *être*, — le futur, — le passé défini, — l'imparfait du subjonctif, etc. — Même exercice pour tous les autres temps.

Quelle est la première personne du singulier du futur de l'indicatif du verbe *être?* — la première du pluriel du même temps? etc.

Quel est le participe présent du verbe *être?* — le participe passé? etc.

Quel est le temps simple du verbe *avoir* qui se trouve joint au participe *été*, dans le passé indéfini? — dans le passé antérieur? — dans le parfait du subjonctif? etc.

Quelle est la troisième personne du singulier du présent de l'indicatif? — la deuxième du pluriel du passé défini? — la première du pluriel de l'imparfait du subjonctif? etc. — Mêmes questions pour les différentes personnes à chaque temps pris sans suivre aucun ordre.

Récitez toutes les premières personnes du singulier du verbe *être*, puis toutes les secondes, etc., comme nous l'avons indiqué dans les exercices sur le verbe *avoir*.

Qu'est-ce que *nous sommes?* — vous *serez?* — je *suis?* — ils *étaient?* — que tu *fusses?* — qu'ils *aient été?* — il *fut?* — soyez? — *j'étais?* — *soyons?* — tu *serais?* etc.

Imprimerie de Firmin Didot Frères, rue Jacob, n° 24.

A PARIS, CHEZ L. HACHETTE, LIBRAIRE, RUE PIERRE-SARRAZIN, N° 12, ET FIRMIN DIDOT FRÈRES, RUE JACOB, N° 24.

TABLEAUX DE GRAMMAIRE,

Par MM. Meissas, Michelot et Picard.

Conjugaison des Verbes actifs.

57. PREMIÈRE CONJUGAISON. **VERBE *CHANTER*.**

INFLEXIONS PRIMITIVES.

Je chante, je chantai, chanter, chantant, chanté.

INDICATIF.

Temps simples.	*Temps composés.*
PRÉSENT.	PASSÉ INDÉFINI.
Je chante.	J'ai chanté.
Tu chantes.	Tu as chanté.
Il chante.	Il a chanté.
Nous chantons.	Nous avons chanté.
Vous chantez.	Vous avez chanté.
Ils chantent.	Ils ont chanté.
IMPARFAIT.	PLUS-QUE-PARFAIT.
Je chantais.	J'avais chanté.
Tu chantais.	Tu avais chanté.
Il chantait.	Il avait chanté.
Nous chantions.	Nous avions chanté.
Vous chantiez.	Vous aviez chanté.
Ils chantaient.	Ils avaient chanté.
PASSÉ DÉFINI.	PASSÉ ANTÉRIEUR.
Je chantai.	J'eus chanté.
Tu chantas.	Tu eus chanté.
Il chanta.	Il eut chanté.
Nous chantâmes.	Nous eûmes chanté.
Vous chantâtes.	Vous eûtes chanté.
Ils chantèrent.	Ils eurent chanté.
FUTUR.	FUTUR ANTÉRIEUR.
Je chanterai.	J'aurai chanté.
Tu chanteras.	Tu auras chanté.
Il chantera.	Il aura chanté.
Nous chanterons.	Nous aurons chanté.
Vous chanterez.	Vous aurez chanté.
Ils chanteront.	Ils auront chanté.

CONDITIONNEL.

PRÉSENT.	PASSÉ.
Je chanterais.	J'aurais chanté.
Tu chanterais.	Tu aurais chanté.
Il chanterait.	Il aurait chanté.
Nous chanterions.	Nous aurions chanté.
Vous chanteriez.	Vous auriez chanté.
Ils chanteraient.	Ils auraient chanté.

DEUXIÈME PASSÉ.

J'eusse chanté.
Tu eusses chanté.
Il eût chanté.
Nous eussions chanté.
Vous eussiez chanté.
Ils eussent chanté.

IMPÉRATIF.

PRÉSENT.

Chante.
Qu'il chante.
Chantons.
Chantez.
Qu'ils chantent.

SUBJONCTIF.

PRÉSENT.		PARFAIT.
Que je chante.		Que j'aie chanté.
Que tu chantes.		Que tu aies chanté.
Qu'il chante.	*Il faut*	Qu'il ait chanté.
Que nous chantions.		Que nous ayons chanté.
Que vous chantiez.		Que vous ayez chanté.
Qu'ils chantent.		Qu'ils aient chanté.

Il faut — *Il a fallu*

IMPARFAIT.		PLUS-QUE-PARFAIT.
Que je chantasse.		Que j'eusse chanté.
Que tu chantasses.		Que tu eusses chanté.
Qu'il chantât.	*Il fallait*	Qu'il eût chanté.
Que nous chantassions.		Que nous eussions chanté.
Que vous chantassiez.		Que vous eussiez chanté.
Qu'ils chantassent.		Qu'ils eussent chanté.

Il fallait — *Il aurait fallu*

INFINITIF.

PRÉSENT.	PASSÉ.
Chanter.	Avoir chanté.

PARTICIPE.

PRÉSENT.	PASSÉ COMPOSÉ.
Chantant.	Ayant chanté.

PASSÉ.

Chanté.

EXERCICES.

Récitez le passé défini du verbe *chanter*, — le présent de l'indicatif, — le futur, — le passé indéfini, — le présent de l'impératif, etc. — Même exercice pour tous les autres temps.

Quelle est la première personne du singulier de l'imparfait de l'indicatif? — la seconde personne du pluriel du passé défini? — la troisième du singulier du présent de l'indicatif? etc. — Mêmes questions pour les différentes personnes de chaque temps, sans suivre aucun ordre.

Récitez toutes les premières personnes du singulier du verbe *chanter*, puis toutes les secondes, etc., comme pour les verbes précédens.

Qu'est-ce que *nous chantions?* — *vous chanterez?* — *je chantai?* — *il chante?*

— *j'avais chanté?* — *ils chanteraient?* — *tu avais chanté?* — *chantons?* — *qu'ils aient chanté?* — *chantant?* — *chanté?* etc.

Conjuguez sur CHANTER: *parler, aimer, sauter, jouer, prier, travailler*, etc.

Imprimerie de Firmin Didot Frères, rue Jacob, n° 24.

PARIS, CHEZ L. HACHETTE, LIBRAIRE, RUE PIERRE-SARRAZIN, N° 12, ET FIRMIN DIDOT FRÈRES, RUE JACOB, N° 24.

TROISIÈME CLASSE, N° VI.   (N. 13.)

TABLEAUX DE GRAMMAIRE,

Par MM. Meissas, Michelot et Picard.

58. DEUXIÈME CONJUGAISON. VERBE *FINIR*.

INFLEXIONS PRIMITIVES.

Je finis, je finis, finir, finissant, fini.

INDICATIF.

Temps simples.   *Temps composés.*

PRÉSENT.   PASSÉ INDÉFINI.

Je finis.   J'ai fini.
Tu finis.   Tu as fini.
Il finit.   Il a fini.
Nous finissons.   Nous avons fini.
Vous finissez.   Vous avez fini
Ils finissent.   Ils ont fini.

IMPARFAIT.   PLUS-QUE-PARFAIT.

Je finissais.   J'avais fini.
Tu finissais.   Tu avais fini.
Il finissait.   Il avait fini.
Nous finissions.   Nous avions fini.
Vous finissiez.   Vous aviez fini.
Ils finissaient.   Ils avaient fini.

PASSÉ DÉFINI.   PASSÉ ANTÉRIEUR.

Je finis.   J'eus fini.
Tu finis.   Tu eus fini.
Il finit.   Il eut fini.
Nous finîmes.   Nous eûmes fini.
Vous finîtes.   Vous eûtes fini.
Ils finirent.   Ils eurent fini.

FUTUR.   FUTUR ANTÉRIEUR.

Je finirai.   J'aurai fini.
Tu finiras.   Tu auras fini.
Il finira.   Il aura fini.
Nous finirons.   Nous aurons fini.
Vous finirez.   Vous aurez fini.
Ils finiront.   Ils auront fini.

CONDITIONNEL.

PRÉSENT.   PASSÉ.

Je finirais.   J'aurais fini.
Tu finirais.   Tu aurais fini.
Il finirait.   Il aurait fini.

Nous finirions.
Vous finiriez.
Ils finiraient.

PRÉSENT.

Finis.
Qu'il finisse.
Finissons.
Finissez.
Qu'ils finissent.

SUBJONCTIF.

PRÉSENT.   PARFAIT.

Il faut
Que je finisse.   *Il a fallu*
Que tu finisses.
Qu'il finisse.
Que nous finissions.
Que vous finissiez.
Qu'ils finissent.

Que j'aie fini.
Que tu aies fini.
Qu'il ait fini.
Que nous ayons fini.
Que vous ayez fini.
Qu'ils aient fini.

IMPARFAIT.   PLUS-QUE-PARFAIT.

Il fallait
Que je finisse.   *Il aurait fallu*
Que tu finisses.
Qu'il finît.
Que nous finissions.
Que vous finissiez.
Qu'ils finissent.

Que j'eusse fini.
Que tu eusses fini.
Qu'il eût fini.
Que nous eussions fini.
Que vous eussiez fini.
Qu'ils eussent fini.

INFINITIF.

PRÉSENT.   PASSÉ.

Finir.   Avoir fini.

PARTICIPE.

PRÉSENT.   PASSÉ COMPOSÉ.

Finissant.   Ayant fini.

PASSÉ.

Fini.

Nous finirions.
Vous finiriez.
Ils finiraient.

Nous aurions fini.
Vous auriez fini.
Ils auraient fini.

DEUXIÈME PASSÉ.

J'eusse fini.
Tu eusses fini.
Il eût fini.
Nous eussions fini.
Vous eussiez fini.
Ils eussent fini.

IMPÉRATIF.

EXERCICES.

Récitez le présent de l'indicatif du verbe *finir*, — le passé défini, — le passé indéfini, — l'imparfait du subjonctif, — le présent du conditionnel, — le parfait du subjonctif, etc. — Même exercice pour les autres temps.
Quelle est la première personne du sin-

gulier au passé défini? — au futur? — au futur antérieur? — la troisième du singulier à l'imparfait du subjonctif? — au présent du conditionnel? — au futur? etc.
— Mêmes questions pour les autres temps et les autres personnes.
Récitez toutes les premières personnes

du singulier du verbe *finir*, — toutes les deuxièmes personnes du singulier, etc., comme pour les verbes précédens.
Qu'est-ce que vous finissiez? — je finissais? — tu finiras? — nous avons fini? — qu'il finît? — ils auraient fini? — finissons? — finir? — ayant fini? etc.

Conjuguez sur FINIR : *unir, gémir, obéir, fleurir, rougir*, etc.
Tous ces verbes se conjuguant invariablement comme celui que nous avons donné dans le tableau, on pourra les faire écrire aux élèves après la leçon.

Imprimerie de Firmin Didot Frères, rue Jacob, n° 24

A PARIS, CHEZ L. HACHETTE, LIBRAIRE, RUE PIERRE-SARRAZIN, N° 12, ET FIRMIN DIDOT FRÈRES, RUE JACOB, N° 24.

TABLEAUX DE GRAMMAIRE,

Par MM. Meissas, Michelot et Picard.

59. TROISIÈME CONJUGAISON. VERBE *RECEVOIR*.

INFLEXIONS PRIMITIVES.

Je reçois, je reçus, recevoir, recevant, reçu.

INDICATIF.

Temps simples.	*Temps composés.*
PRÉSENT.	PASSÉ INDÉFINI.
Je reçois.	J'ai reçu.
Tu reçois.	Tu as reçu.
Il reçoit.	Il a reçu.
Nous recevons.	Nous avons reçu.
Vous recevez.	Vous avez reçu.
Ils reçoivent.	Ils ont reçu.
IMPARFAIT.	PLUS-QUE-PARFAIT.
Je recevais.	J'avais reçu.
Tu recevais.	Tu avais reçu.
Il recevait.	Il avait reçu.
Nous recevions.	Nous avions reçu.
Vous receviez.	Vous aviez reçu.
Ils recevaient.	Ils avaient reçu.
PASSÉ DÉFINI.	PASSÉ ANTÉRIEUR.
Je reçus.	J'eus reçu.
Tu reçus.	Tu eus reçu.
Il reçut.	Il eut reçu.
Nous reçûmes.	Nous eûmes reçu.
Vous reçûtes.	Vous eûtes reçu.
Ils reçurent.	Ils eurent reçu.
FUTUR.	FUTUR ANTÉRIEUR.
Je recevrai.	J'aurai reçu.
Tu recevras.	Tu auras reçu.
Il recevra.	Il aura reçu.
Nous recevrons.	Nous aurons reçu.
Vous recevrez.	Vous aurez reçu.
Ils recevront.	Ils auront reçu.

CONDITIONNEL.

PRÉSENT.	PASSÉ.
Je recevrais.	J'aurais reçu.
Tu recevrais.	Tu aurais reçu.
Il recevrait.	Il aurait reçu.
Nous recevrions.	Nous aurions reçu.
Vous recevriez.	Vous auriez reçu.
Ils recevraient.	Ils auraient reçu.

DEUXIÈME PASSÉ.

J'eusse reçu.
Tu eusses reçu.
Il eût reçu.
Nous eussions reçu.
Vous eussiez reçu.
Ils eussent reçu.

IMPÉRATIF.

PRÉSENT.

Reçois.
Qu'il reçoive.
Recevons.
Recevez.
Qu'ils reçoivent.

SUBJONCTIF.

PRÉSENT.	PARFAIT.
Il faut Que je reçoive.	*Il a fallu* Que j'aie reçu.
Que tu reçoives.	Que tu aies reçu.
Qu'il reçoive.	Qu'il ait reçu.
Que nous recevions.	Que nous ayons reçu.
Que vous receviez.	Que vous ayez reçu.
Qu'ils reçoivent.	Qu'ils aient reçu.
IMPARFAIT.	PLUS-QUE-PARFAIT.
Il fallait Que je reçusse.	*Il aurait fallu* Que j'eusse reçu.
Que tu reçusses.	Que tu eusses reçu.
Qu'il reçût.	Qu'il eût reçu.
Que nous reçussions.	Que nous eussions reçu.
Que vous reçussiez.	Que vous eussiez reçu.
Qu'ils reçussent.	Qu'ils eussent reçu.

INFINITIF.

PRÉSENT.	PASSÉ.
Recevoir.	Avoir reçu.

PARTICIPE.

PRÉSENT.	PASSÉ COMPOSÉ.
Recevant.	Ayant reçu.
PASSÉ.	
Reçu.	

EXERCICES.

Récitez le futur du verbe *recevoir*, — l'imparfait de l'indicatif, — le plus-que-parfait, — le présent du subjonctif, — le présent de l'impératif, — le passé du conditionnel, etc. — Même exercice pour les autres temps.
Quelle est la deuxième personne du singulier à l'imparfait de l'indicatif? — au présent de l'impératif? — au présent du conditionnel? — La troisième personne du pluriel au passé indéfini? — au futur antérieur? — à l'imparfait du subjonctif? etc. — Mêmes questions pour les autres temps et les autres personnes.
Récitez toutes les premières personnes du singulier du verbe *recevoir*, — toutes les deuxièmes personnes du singulier, etc., comme pour les verbes précédens.
Qu'est-ce que *vous recevez?* — *tu reçus?* — *il reçoit?* — *nous recevrions?* — *ils auront reçu?* — *reçois?* — *ayant reçu?* — *recevoir?* — *que j'eusse reçu?* — *vous eûtes reçu?* etc.
Conjuguez SUR RECEVOIR: *apercevoir, concevoir, percevoir.*

Imprimerie de Firmin Didot Frères, rue Jacob, n° 24.

PARIS, CHEZ L. HACHETTE, LIBRAIRE, RUE PIERRE-SARRAZIN, N° 12, ET FIRMIN DIDOT FRÈRES, RUE JACOB, N° 24.

TABLEAUX DE GRAMMAIRE,

Par MM. Meissas, Michelot et Picard.

60. QUATRIÈME CONJUGAISON. VERBE *RENDRE.*

INFLEXIONS PRIMITIVES.

Je rends, je rendis, rendre, rendant, rendu.

INDICATIF.

Temps simples.	*Temps composés.*
PRÉSENT.	**PASSÉ INDÉFINI.**
Je rends.	J'ai rendu.
Tu rends.	Tu as rendu.
Il rend.	Il a rendu.
Nous rendons.	Nous avons rendu.
Vous rendez.	Vous avez rendu.
Ils rendent.	Ils ont rendu.
IMPARFAIT.	**PLUS-QUE-PARFAIT.**
Je rendais.	J'avais rendu.
Tu rendais.	Tu avais rendu.
Il rendait.	Il avait rendu.
Nous rendions.	Nous avions rendu.
Vous rendiez.	Vous aviez rendu.
Ils rendaient.	Ils avaient rendu.
PASSÉ DÉFINI.	**PASSÉ ANTÉRIEUR.**
Je rendis.	J'eus rendu.
Tu rendis.	Tu eus rendu.
Il rendit.	Il eut rendu.
Nous rendîmes.	Nous eûmes rendu.
Vous rendîtes.	Vous eûtes rendu.
Ils rendirent.	Ils eurent rendu.
FUTUR.	**FUTUR ANTÉRIEUR.**
Je rendrai.	J'aurai rendu.
Tu rendras.	Tu auras rendu.
Il rendra.	Il aura rendu.
Nous rendrons.	Nous aurons rendu.
Vous rendrez.	Vous aurez rendu.
Ils rendront.	Ils auront rendu.

CONDITIONNEL.

PRÉSENT.	**PASSÉ.**
Je rendrais.	J'aurais rendu.
Tu rendrais.	Tu aurais rendu.
Il rendrait.	Il aurait rendu.
Nous rendrions.	Nous aurions rendu.
Vous rendriez.	Vous auriez rendu.
Ils rendraient.	Ils auraient rendu.

DEUXIÈME PASSÉ.

J'eusse rendu.
Tu eusses rendu.
Il eût rendu.
Nous eussions rendu.
Vous eussiez rendu.
Ils eussent rendu.

IMPÉRATIF.

PRÉSENT.

Rends.
Qu'il rende.
Rendons.
Rendez.
Qu'ils rendent.

SUBJONCTIF.

PRÉSENT.		**PARFAIT.**	
Que je rende.		Que j'aie rendu.	
Que tu rendes.		Que tu aies rendu.	
Qu'il rende.	*Il faut*	Qu'il ait rendu.	*Il a fallu*
Que nous rendions.		Que nous ayons rendu.	
Que vous rendiez.		Que vous ayez rendu.	
Qu'ils rendent.		Qu'ils aient rendu.	
IMPARFAIT.		**PLUS-QUE-PARFAIT.**	
Que je rendisse.		Que j'eusse rendu.	
Que tu rendisses.		Que tu eusses rendu.	
Qu'il rendît.	*Il fallait*	Qu'il eût rendu.	*Il aurait fallu*
Que nous rendissions.		Que nous eussions rendu.	
Que vous rendissiez.		Que vous eussiez rendu.	
Qu'ils rendissent.		Qu'ils eussent rendu.	

INFINITIF.

PRÉSENT.	**PASSÉ.**
Rendre.	Avoir rendu.

PARTICIPE.

PRÉSENT.	**PASSÉ COMPOSÉ.**
Rendant.	Ayant rendu.
PASSÉ.	
Rendu.	

EXERCICES.

Récitez l'imparfait de l'indicatif du verbe *rendre*, — le présent du conditionnel, — le présent du subjonctif, — le présent de l'impératif, — le présent de l'infinitif, — le participe présent, — le passé défini, — le passé antérieur, etc. — Mêmes questions pour les autres temps.

Quelle est la deuxième personne du pluriel au présent du conditionnel? — à l'imparfait de l'indicatif? — à l'imparfait du subjonctif? — la troisième du pluriel au présent de l'indicatif? — au futur? — au futur antérieur? — au présent du conditionnel? — la première du pluriel au passé défini? — au passé antérieur? etc. — Mêmes questions pour tous les autres temps et toutes les personnes. Récitez toutes les premières personnes du singulier du verbe *rendre*, — toutes les deuxièmes personnes du singulier, etc., comme pour les verbes précédents.

Qu'est-ce que *nous rendons*? — *vous rendrez*? — *il rendit*? — *je rendrais*? — *tu as rendu*? — *qu'ils rendent*? — *ils rendraient*? — *nous eûmes rendu*? — *vous auriez rendu*? — *rendant*? etc.
Conjuguez sur RENDRE: *attendre, défendre, étendre, mordre, tordre, tendre,* etc.

Imprimerie de Firmin Didot Frères, rue Jacob, n° 24.

A PARIS CHEZ L. HACHETTE, LIBRAIRE RUE PIERRE-SARRAZIN, N° , ET FIRMIN DIDOT FRÈRES, RUE JACOB, N° 24.

TABLEAUX DE GRAMMAIRE,

Par MM. Meissas, Michelot et Picard.

61. TERMINAISONS DES PERSONNES ET DES NOMBRES DES VERBES.

Les PREMIÈRES PERSONNES DU SINGULIER se terminent par E, AI, X ou S.

On écrit par E: 1° Le présent de l'indicatif des verbes de la première conjugaison et de quelques irréguliers de la seconde: *Je chante, j'offre, j'ouvre, je cueille, je couvre, je souffre, je tressaille.* Excepté *aller, je vais.*

2° Le présent du subjonctif de tous les verbes: *Que je chante, que je finisse, que je reçoive, que je rende.* Excepté *être, que je sois.*

3° L'imparfait du subjonctif de tous les verbes: *Que je chantasse, que je finisse, que je reçusse, que je rendisse.*

On écrit par AI: 1° Le présent de l'indicatif du verbe *avoir: j'ai.*

2° Le passé défini des verbes de la première conjugaison: *Je chantai.*

3° Le futur de tous les verbes: *Je chanterai, je finirai, je recevrai, je rendrai.*

On écrit par X: Le présent de l'indicatif des verbes *vouloir, pouvoir, valoir et prévaloir.* — *Je veux, je peux, je vaux, je prévaux.*

On écrit par S: Toutes les premières personnes du singulier des verbes, excepté celles qui sont terminées par *e, ai, x.* — *Je finis, je reçois, je rendais, je courus, j'aimerais.*

Les DEUXIÈMES PERSONNES DU SINGULIER se terminent par E, A, X ou S.

On écrit par E: 1° Le présent de l'impératif des verbes de la première conjugaison et de quelques irréguliers de la seconde: *Chante, offre, ouvre, couvre, cueille, souffre, tressaille.*

2° Le présent de l'impératif du verbe *avoir: aie.*

On écrit par A: Le présent de l'impératif du verbe *aller: va.*

On écrit par X: Le présent de l'indicatif des verbes *vouloir, pouvoir, valoir et prévaloir: Tu veux, tu peux, tu vaux, tu prévaux.*

On écrit par S: Toutes les secondes personnes du singulier des verbes, excepté celles qui sont terminées en *e, a, x.* — *Tu chantes, tu finissais, tu reçus, tu rendras, que tu sois.*

Les TROISIÈMES PERSONNES DU SINGULIER se terminent par E, A, C, D ou T.

On écrit par E: Toutes les troisièmes personnes des temps des verbes qui, à la première, sont ter-

minés par cette même lettre: *Je chante, il chante; j'ouvre, il ouvre; que je finisse, qu'il finisse.* Excepté le présent du subjonctif du verbe *avoir* et l'imparfait du subjonctif de tous les verbes.

On écrit par A: 1° Le présent de l'indicatif des verbes *avoir* et *aller: Il a, il va.*

2° Le passé défini des verbes de la première conjugaison: *Il chanta.*

3° Le futur de tous les verbes: *Il chantera, il finira, il recevra, il rendra.*

On écrit par C: Les verbes *vaincre* et *convaincre: Il vainc, il convainc.*

On écrit par D: 1° Le présent de l'indicatif des verbes dont l'infinitif est terminé en *dre,* comme: *mordre, fondre, coudre, rendre. Il mord, il fond, il coud, il rend.* Sont exceptés de cette règle les verbes dont l'infinitif est terminé en *soudre* et en *indre,* comme: *dissoudre, feindre, craindre, joindre,* etc. *Il dissout, il feint, il craint, il joint,* etc.

2° Le présent de l'indicatif des verbes *seoir, s'asseoir: Il sied, il s'assied.*

On écrit par T: Toutes les troisièmes personnes du singulier, excepté celles qui sont terminées en *e, a, c, d.* — *Il finit, il rendrait, qu'il reçût.*

Les PREMIÈRES PERSONNES DU PLURIEL se terminent par ONS ou par MES.

On écrit par ONS: Les premières personnes du pluriel qui font entendre le son final *on: Nous chantons, nous finissions, nous recevrons, nous rendrions.*

On écrit par MES: Les premières personnes du pluriel qui font entendre le son final *me: Nous sommes, nous arrivâmes, nous finîmes, nous reçûmes, nous rendîmes.*

Les SECONDES PERSONNES DU PLURIEL se terminent par EZ ou par TES.

On écrit par EZ: Les secondes personnes du pluriel qui font entendre le son final *é: Vous chantez, vous finissiez, vous rendiez.*

On écrit par TES: Les secondes personnes du pluriel qui font entendre le son final *te: Vous dites, vous faites, vous chantâtes, vous finîtes, vous reçûtes, vous rendîtes.*

On écrit par NT: Toutes les TROISIÈMES PERSONNES DU PLURIEL sans exception: *Ils chantent, ils finissaient, ils reçurent, ils rendront, ils font.*

EXERCICES.

Comment se terminent toutes les premières personnes du singulier?

Quelles sont celles qui se terminent par un *e* muet? — par *ai?* — par *x?* — par *s?* — Donnez des exemples de chacune de ces terminaisons.

Comment écrivez-vous *j'écoute?*

Pourquoi *écoute* se termine-t-il par un *e* muet?

Écrivez *je viendrai.*

Pourquoi *viendrai* se termine-t-il par *ai?*

Comment écrivez-vous *je peux, je lis, je savais, je couperais, que j'obéisse?* etc.

Pourquoi *peux* se termine-t-il par *x?* — *lis* par *s?* etc.

Conjuguez par écrit, à la première personne du singulier seulement, les verbes *sauter, polir, concevoir, défendre,* etc.

Comment se terminent toutes les secondes personnes du singulier?

Quelles sont celles qui se terminent par *e?* — par *a?* — par *x?* — par *s?*

Donnez des exemples de chacune de ces terminaisons.

Comment écrit-on *danse, aie, va, tu veux, tu rendras, tu tirais, que tu sois?* etc.

Pourquoi *danse* se termine-t-il par un *e?* — *va* par un *a?* etc.

Conjuguez à la deuxième personne du singulier, les verbes *sauter, polir, concevoir, défendre,* etc.

Comment se terminent les troisièmes personnes du singulier?

Quelles sont celles qui se terminent par *e?* — par *a?* — par *c?* — par *d?* — par *t?*

Donnez des exemples de chacune de ces terminaisons.

Comment écrit-on *il parle, il a, il joua, il sortira, il tord, il peint, il reçoit?* etc.

Pourquoi *parle* se termine-t-il par un *e?* — *va* par un *a?* — *tord* par un *d?* etc.

Conjuguez à la troisième personne du singulier les verbes *sauter, polir, concevoir, défendre,* etc.

Comment se terminent les premières personnes du pluriel?

Quelles sont celles qui se terminent par *ons?* — par *mes?* — Donnez des exemples de chacune de ces terminaisons.

Comment écrit-on *nous marchons, nous courions, nous fûmes, nous écrivîmes?* etc.

Pourquoi *marchons* se termine-t-il par *ons?* — *fûmes* par *mes?*

Comment se terminent les secondes personnes du pluriel?

Quelles sont celles qui se terminent par *ez?* — par *tes?* Donnez des exemples de chacune de ces terminaisons.

Comment écrivez-vous *vous parlez, vous pleuriez, vous êtes, vous défendîtes?* etc.

Pourquoi *parlez* est-il terminé par *ez?* — *êtes* par *tes?*

Quelle est la terminaison de toutes les troisièmes personnes du pluriel?

Donnez des exemples.

Comment écrit-on *ils courent, ils ont, ils apercevront, elles viendraient?* etc.

Conjuguez aux trois personnes du pluriel les verbes *sauter, polir, concevoir, défendre,* etc.

Imprimerie de Firmin Didot Frères, rue Jacob, n° 24.

A PARIS, CHEZ L. HACHETTE, LIBRAIRE, RUE PIERRE-SARRAZIN, N° 12, ET FIRMIN DIDOT FRÈRES, RUE JACOB, N° 24.

TABLEAUX DE GRAMMAIRE,

Par MM. Meissas, Michelot et Picard.

62. OBSERVATIONS SUR LA CONJUGAISON DE QUELQUES VERBES ET SUR QUELQUES TERMINAISONS.

J'aime,   aimé-je.
Que je puisse,   puissé-je.
Que je fusse,   fussé-je.

Les premières personnes terminées par un *e* muet prennent un accent aigu sur l'*é*, lorsqu'elles sont suivies du pronom *je*.

Porte,   portes-y.
Offre,   offres-en.
Aie,   aies-en soin.
Va,   vas-y, vas-en prendre.

Les deuxièmes personnes du singulier, terminées par *e* ou par *a* à l'impératif, prennent une *s*, lorsqu'elles sont suivies de l'un des pronoms *y* ou *en*.

Je loue,   tu loues.
Que j'aie,   que tu aies.

Les verbes qui sont terminés par un *e* muet, à la première personne, conservent cet *e* avant l'*s*, à la deuxième.

Il aime,   aime-t-il?
Elle va,   va-t-elle?
On finira,   finira-t-on?

Les troisièmes personnes, terminées par *e* ou *a*, prennent un *t* entre deux traits d'union, quand elles sont suivies des pronoms *il, elle, on*.

Qu'il aimât, qu'il finît, qu'il reçût, qu'il rendît.

L'imparfait du subjonctif prend un accent circonflexe sur la dernière syllabe, à la troisième personne du singulier.

Nous eûmes, vous eûtes; nous aimâmes, vous aimâtes.

La première et la deuxième personne du pluriel, au passé défini, prennent un accent circonflexe sur l'avant-dernière syllabe.

Ils aiment, ils finissaient.

Les troisièmes personnes du pluriel prennent un *e* muet devant *nt*.

Il faut excepter celles qui se terminent par *ont*, comme *ils font, ils rendront*.

Percer;   nous perçons, je perçais.
Recevoir;   je reçois, j'ai reçu.

Les verbes terminés à l'infinitif par *cer* et par *cevoir*, prennent une cédille sous le *c*, toutes les fois que cette consonne est suivie de l'une des voyelles *a, o, u*, pour conserver au *c* la prononciation de l's.

Manger;   je mangeai, nous mangeons.

Les verbes terminés en *ger* prennent un *e* muet après le *g*, lorsque cette lettre est suivie d'un *a* ou d'un *o*, pour lui conserver la prononciation du *j*.

Lier;   je lierai, je lierais.
Créer;   je créerai, je créerais.

Les verbes de la première conjugaison, terminés en *ier, yer, éer, ouer, uer*, conservent, comme tous les verbes de la première conjugaison, un *e* muet avant l'*r*, au futur et au conditionnel. Exemples: *Employer, j'emploierai, j'emploierais; jouer, je jouerai, je jouerais; éternuer, j'éternuerai, j'éternuerais.*

Priant; *nous priions, vous priiez; que nous priions, que vous priiez.*
Employant; *nous employions, vous employiez; que nous employions, que vous employiez.*

Les verbes, dont le participe présent est terminé en *iant*, prennent deux *i* aux deux premières personnes du pluriel de l'imparfait de l'indicatif et du présent du subjonctif.

Les verbes terminés en *yant*, au participe présent, prennent un *i* après l'*y* à ces mêmes personnes et à ces mêmes temps.

Employant; *j'emploie, j'emploierai.*

Les verbes, dont le participe se termine en *yant*, prennent un *i* au lieu de l'*y* devant un *e* muet.

Appeler, *nous appelons; j'appelle, j'appellerai.*
Jeter, *nous jetons; je jette, je jetterai.*

Les verbes terminés en *eler* ou *eter*, prennent deux *l* ou deux *t*, quand ces consonnes sont suivies d'un *e* muet.

Excepté *acheter, bourreler, déceler, geler, harceler et peler*, qui prennent un accent grave. *J'achète, il gèlera*, etc.

Mener;   je mène, je mènerai.
Répéter;   je répète, je répéterai.

Les autres verbes qui ont un *e* muet à l'avant-dernière syllabe, et ceux qui ont un accent aigu sur l'*e* à cette même syllabe, prennent un accent grave sur cet *e*, quand la syllabe suivante est terminée par un *e* muet.

Va-t'en.

Le verbe *s'en aller*, à l'impératif, s'écrit avec une apostrophe après le *t*, car cette lettre est là pour le pronom *te*, dont on a retranché l'*e* muet.

EXERCICES.

Quand met-on un accent aigu sur l'*e* de la première personne? — Donnez des exemples.
Écrivez *veillé-je, dussé-je, eussé-je.*
Quand faut-il ajouter une *s* aux deuxièmes personnes du singulier terminées par *e* ou par *a* ? — Donnez des exemples.
Écrivez *ajoutes-y, ôtes-en*, etc.
Quelles sont les deuxièmes personnes du singulier qui ont un *e* muet avant l'*s* ? — Donnez des exemples.
Écrivez *tu joues, tu pries, tu éternues, que tu voies, que tu emploies*, etc.
Quand faut-il ajouter un *t* entre deux traits d'union à la troisième personne? — Donnez des exemples.
Écrivez *parle-t-elle? aura-t-il? sortira-t-on?* etc.

Quel accent met-on sur la troisième personne du singulier à l'imparfait du subjonctif? — Donnez des exemples.
Écrivez *qu'il jouât, qu'il unît, qu'il reviât, qu'il écrivît, qu'il courût*, etc.
Quel accent met-on sur la première et la deuxième personne du pluriel au passé défini? — Donnez des exemples.
Écrivez *nous sortîmes, vous sortîtes; nous vînmes, vous vîntes; nous prîmes, vous prîtes*, etc.
Quelle lettre met-on à la troisième personne du pluriel devant *nt* ? — Donnez des exemples.
Écrivez *ils avaient, elles coudraient, ils craindront*, etc.
Quels sont les verbes qui prennent une

cédille sous le *c* devant *a, o, u*? — Écrivez *nous lançons, vous avez aperçu*, etc.
Quels sont les verbes qui prennent un *e* muet après le *g* devant *a, o*? — Écrivez *nous rangeons, vous rangeâtes*, etc.
Quels sont les verbes qui conservent un *e* muet devant l'*r*, au futur et au conditionnel, quelque ont *e* ne se prononce pas? — Donnez des exemples. — Écrivez *je prierai, tu loueras*, etc.
Comment écrivez-vous, à l'imparfait de l'indicatif et au présent du subjonctif, les verbes dont le participe présent est en *iant* ? — Donnez des exemples. — Écrivez *nous publiions, vous criiez, que nous essayions, que vous appuyiez*, etc.

Quand faut-il remplacer l'*y* par un *i* dans les verbes dont le participe est terminé en *yant* ? — Donnez des exemples.
Quand mettez-vous deux *l* ou deux *t* aux verbes terminés en *eler* ou en *eter* ? — Donnez des exemples.
Quelles sont les exceptions?
Quand mettez-vous un accent grave sur le *e* dans les verbes qui ont un *e* muet ou un *é* à l'avant-dernière syllabe de l'infinitif? — Donnez des exemples.
Pourquoi écrit-on *va-t'en* avec une apostrophe après le *t?*
Nota. On fera bien de conjuguer en entier, par écrit, les verbes *lancer, ranger, prier, essuyer, appeler, jeter, geler, répéter, achever*, etc.

Imprimerie de Firmin Didot Frères, rue Jacob, n° 24.

A PARIS, CHEZ L. HACHETTE, LIBRAIRE, RUE PIERRE SARRAZIN, N° 12, ET FIRMIN DIDOT FRÈRES, RUE JACOB, N° 24.

QUATRIÈME CLASSE, N° III.　　　　　　　　　　　　　　　　　　(N. 18.)

TABLEAUX DE GRAMMAIRE,
Par MM. Meissas, Michelot et Picard.

63. INFLEXIONS PRIMITIVES DES VERBES.

On appelle *inflexions primitives*, celles qui servent à former les autres temps.

Il y en a cinq : 1° *le présent de l'indicatif;* 2° *le passé défini;* 3° *le présent de l'infinitif;* 4° *le participe présent;* 5° *le participe passé.*

64. FORMATION DES TEMPS DES VERBES.

PRÉSENT DE L'INDICATIF.	PRÉSENT DE L'IMPÉRATIF.
J'aime,	aime.

Du *présent de l'indicatif* on forme la *deuxième personne du singulier du présent de l'impératif,* en ôtant le pronom *je.* — Il faut excepter :

Je suis,	sois.	Je vais,	va.
J'ai,	aie.	Je sais,	sache.

PASSÉ DÉFINI.	IMPARFAIT DU SUBJONCTIF.
J'aim*ai,*	que j'aim*asse.*
Je fin*is,*	que je fin*isse.*
Je reç*us,*	que je reç*usse.*
Je rend*is,*	que je rend*isse.*

Du *passé défini* on forme l'*imparfait du subjonctif,* en changeant *ai* en *asse* pour la première conjugaison, et en ajoutant *se* pour les trois autres.

PRÉSENT DE L'INFINITIF.	FUTUR DE L'INDICATIF.
Aim*er,*	j'aim*erai.*
Recev*oir,*	je recev*rai.*
Rend*re,*	je rend*rai.*

Du *présent de l'infinitif* on forme le *futur,* en changeant *r, oir* ou *re* en *rai.* -- Il faut excepter :

1re CONJ. Aller,	j'irai.	Échoir,	il écherra.
Envoyer,	j'enverrai.	Falloir,	il faudra.
2e CONJ. Acquérir,	j'acquerrai.	Pourvoir,	je pourvoirai.
Courir,	je courrai.	Pouvoir,	je pourrai.
Cueillir,	je cueillerai.	Prévoir,	je prévoirai.
Mourir,	je mourrai.	Savoir,	je saurai.
Saillir,	il saillera.	Seoir,	il siéra.
Tenir,	je tiendrai.	Valoir,	je vaudrai.
Venir,	je viendrai.	Voir,	je verrai.
3e CONJ. Avoir,	j'aurai.	Vouloir,	je voudrai.
S'asseoir,	{je m'assiérai. {je m'asseyerai(1)	4e CONJ. Faire,	je ferai.
		Être,	je serai.

PRÉSENT DE L'INFINITIF.	PRÉSENT DU CONDITIONNEL.
Aim*er,*	j'aim*erais.*
Recev*oir,*	je recev*rais.*
Rend*re,*	je rend*rais.*

Du *présent de l'infinitif,* on forme le *présent du conditionnel,* en changeant *r, oir* ou *re* en *rais.*

Les exceptions sont les mêmes que pour le futur, dont se forme invariablement le *présent du conditionnel,* en changeant *rai* en *rais.*

(1) On peut dire aussi : *je m'asseoirai, il échoira.*

PARTICIPE PRÉSENT.	PRÉSENT DE L'INDICATIF.
Aim*ant,*	Nous aim*ons,* vous aim*ez,* ils aim*ent.*
Finiss*ant,*	Nous finiss*ons,* vous finiss*ez,* ils finiss*ent.*

Du *participe présent* on forme les *trois personnes du pluriel du présent de l'indicatif,* en changeant *ant* en *ons, ez, ent.* — Sont exceptés :

Étant,	nous sommes.	Devant,	ils doivent.
	vous êtes.	Pouvant,	ils peuvent.
	ils sont.	Sachant,	nous savons.
Ayant,	nous avons.		vous savez.
	vous avez.		ils savent.
	ils ont.	Seyant,	ils siéent.
Allant,	ils vont.	Voulant,	ils veulent.
Acquérant,	ils acquièrent.	Buvant,	ils boivent.
Mourant,	ils meurent.	Disant,	vous dites.
Mouvant,	ils meuvent.	Faisant,	vous faites.
Tenant,	ils tiennent.		ils font.
Venant,	ils viennent.	Prenant,	ils prennent.

PARTICIPE PRÉSENT.	IMPARFAIT DE L'INDICATIF.
Aim*ant,*	j'aim*ais.*
Finiss*ant,*	je finiss*ais.*

Du *participe présent* on forme l'*imparfait de l'indicatif,* en changeant *ant* en *ais.* — Sont exceptés :

Ayant,	j'avais.	Sachant,	je savais.

PARTICIPE PRÉSENT.	PRÉSENT DU SUBJONCTIF.
Aim*ant,*	que j'aime.
Finiss*ant,*	que je finisse.

Du *participe présent* on forme le *présent du subjonctif,* en changeant *ant* en *e.* — Sont exceptés :

Étant,	que je sois.	Pouvant,	que je puisse.
Allant,	que j'aille.	Recevant,	que je reçoive.
Acquérant,	que j'acquière.	Seyant,	qu'il siée.
Tenant,	que je tienne.	Valant,	que je vaille.
Venant,	que je vienne.	Voulant,	que je veuille.
Devant,	que je doive.	Buvant,	que je boive.
Mourant,	que je meure.	Faisant,	que je fasse.
Mouvant,	que je meuve.	Prenant,	que je prenne.

Du *participe passé* on forme tous les *temps composés,* en y joignant les auxiliaires *avoir* ou *être.*

Remarques. A l'impératif, 1° la troisième personne du singulier et celle du pluriel ressemblent aux mêmes personnes du subjonctif.

2° La première et la deuxième personne du pluriel ressemblent aux mêmes personnes du présent de l'indicatif. — Sont exceptés :

Nous sommes,	soyons.	Nous savons,	sachons.
Vous êtes,	soyez.	Vous savez,	sachez.
Nous avons,	ayons.	Vous voulez,	veuillez.
Vous avez,	ayez.		

EXERCICES.

Qu'appelle-t-on inflexions primitives?
Combien y en a-t-il? — quelles sont-elles?
Que forme-t-on du présent de l'indicatif? — Un exemple.
Quelles sont les exceptions à cette règle?
Nota. Pour les exceptions, le moniteur ou le maître pourra dire le temps qui sert à la formation, et l'enfant répondre le temps qui en est formé.
De *je sors,* formez la deuxième personne du singulier de l'impératif.
Même exercice pour *je vois,* — *je reconnais,* — *je parle,* — *je rends,* etc.
Comment écrivez-vous *va?* — *sache?*
Quel temps forme-t-on du passé défini? — Des exemples.
De *je parlai,* formez l'imparfait du subjonctif.
Même exercice pour *je perdis,* — *je voulus,* — *je rompis,* — *je reçus,* etc.
Quel temps forme-t-on du présent de l'infinitif? — Des exemples.

Quelles sont les exceptions?
De l'infinitif présent *porter* formez le futur.
Même exercice pour *changer,* — *apercevoir,* — *choisir,* — *répandre.*
Comment écrivez-vous *je verrai, je pourvoirai, il écherra, je cueillerai?* etc.
Même question pour les autres exceptions.
Quel temps forme-t-on encore du présent de l'infinitif? — Des exemples.
Quelles sont les exceptions?
De *sortir,* formez le conditionnel.
Même exercice pour *devoir,* — *nommer,* *sentir,* — *fendre,* etc.
Comment écrivez-vous *je m'assiérais, je pourrais?* etc.
Que forme-t-on du participe présent? — Des exemples.
Quelles sont les exceptions?
De *partant,* formez les trois personnes du pluriel du présent de l'indicatif.

Même exercice pour *sentant,* — *coupant,* — *cousant,* etc.
Comment écrivez-vous *ils viennent, ils meuvent, ils acquièrent?* etc.
Quel autre temps forme-t-on du participe présent? — Des exemples.
Quelles sont les exceptions?
De *sortant,* formez l'imparfait de l'indicatif.
Même exercice pour *courant,* — *donnant,* — *pâlissant,* etc.
Comment écrivez-vous *j'avais, je savais?* etc.
Quel temps forme-t-on encore du participe présent? — Des exemples.
Quelles sont les exceptions?
De *portant,* formez le présent du subjonctif.
Même exercice pour *nommant,* — *ternissant,* — *rompant,* etc.
Comment écrivez-vous *que je puisse, que je boive, que je fasse?* etc.

Quels temps forme-t-on du participe passé?
A quoi ressemblent les troisièmes personnes de l'impératif?
A quoi ressemblent la première et la deuxième personne du pluriel du même temps?
Quelles sont les exceptions?
Nota. Au moyen de ces règles sur la formation des temps, et des modèles que nous avons donnés, on pourra conjuguer tous les verbes en consultant les tableaux des temps primitifs.
Le moniteur devra faire conjuguer d'abord de vive voix, ensuite par écrit, chacun des temps des verbes réguliers ou irréguliers dont la première personne se trouve dans le tableau.

Imprimerie de Firmin Didot Frères, rue Jacob, n° 24.

TABLEAUX DE GRAMMAIRE,

Par MM. Meissas, Michelot et Picard.

65. INFLEXIONS PRIMITIVES DES VERBES RÉGULIERS QUI SERVENT DE MODÈLES A D'AUTRES VERBES.

PRÉSENT DE L'INDICATIF.	PASSÉ DÉFINI.	PRÉSENT DE L'INFINITIF.	PARTICIPE PRÉSENT.	PARTICIPE PASSÉ.
Je chante.	Je chantai.	Chanter.	Chantant.	Chanté.
J'assaille.	J'assaillis.	Assaillir.	Assaillant.	Assailli.
Je couvre.	Je couvris.	Couvrir.	Couvrant.	Couvert.
Je finis.	Je finis.	Finir.	Finissant.	Fini.
Je sors.	Je sortis.	Sortir.	Sortant.	Sorti (1).
Je conclus.	Je conclus.	Conclure.	Concluant.	Conclu.
Je parais.	Je parus.	Paraître.	Paraissant.	Paru.
Je plains.	Je plaignis.	Plaindre.	Plaignant.	Plaint.
Je plais.	Je plus.	Plaire.	Plaisant.	Plu.
Je réduis.	Je réduisis.	Réduire.	Réduisant.	Réduit.
Je romps.	Je rompis.	Rompre.	Rompant.	Rompu.

66. INFLEXIONS PRIMITIVES DES VERBES RÉGULIERS QUI NE SERVENT DE MODÈLES A AUCUN AUTRE.

Je bous.	Je bouillis.	Bouillir.	Bouillant.	Bouilli.
Je fuis.	Je fuis.	Fuir.	Fuyant.	Fui.
Je vêts.	Je vêtis.	Vêtir.	Vêtant.	Vêtu.
Je sers.	Je servis.	Servir.	Servant.	Servi.
Il pleut.	Il plut.	Pleuvoir.	Pleuvant.	Plu.
Je bats.	Je battis.	Battre.	Battant.	Battu.
Je confis.	Je confis.	Confire.	Confisant.	Confit.
Je couds.	Je cousis.	Coudre.	Cousant.	Cousu.
Je crois.	Je crus.	Croire.	Croyant.	Cru.
Je croîs.	Je crûs.	Croître.	Croissant.	Crû.
Je dis.	Je dis.	Dire.	Disant.	Dit.
J'écris.	J'écrivis.	Écrire.	Écrivant.	Écrit.
Je lis.	Je lus.	Lire.	Lisant.	Lu.
Je mets.	Je mis.	Mettre.	Mettant.	Mis.
Je mouds.	Je moulus.	Moudre.	Moulant.	Moulu.
Je nais.	Je naquis.	Naître.	Naissant.	Né.
Je nuis.	Je nuisis.	Nuire.	Nuisant.	Nui.
Je ris.	Je ris.	Rire.	Riant.	Ri.
Je suffis.	Je suffis.	Suffire.	Suffisant.	Suffi.
Je suis.	Je suivis.	Suivre.	Suivant.	Suivi.
Je vaincs.	Je vainquis.	Vaincre.	Vainquant.	Vaincu.
Je vis.	Je vécus.	Vivre.	Vivant.	Vécu.

67. INFLEXIONS PRIMITIVES DES VERBES IRRÉGULIERS QUI SERVENT DE MODÈLES A D'AUTRES VERBES (2).

Je tiens.	Je tins.	Tenir.	Tenant.	Tenu.
Je reçois.	Je reçus.	Recevoir.	Recevant.	Reçu.

(1) *Sortir,* dans le sens d'*obtenir,* ne s'emploie qu'à la troisième personne: *il sortit, ils sortirent, il sortissait, qu'il sortisse, sortissant, sorti, sortir;* il prend le verbe *avoir* dans les temps composés. Ex.: *Ce jugement a sorti son plein et entier effet.*
(2) On appelle verbes irréguliers, ceux qui ne suivent pas dans leur conjugaison les règles de la formation des temps.

EXERCICES.

Quelles sont les inflexions primitives du verbe *chanter?* — *couvrir?* — *finir?* — *paraître?* — *plaindre?* — *réduire?* — *bouillir?* — *tenir?* — *recevoir?* etc.
Conjuguez le présent de l'indicatif du verbe *couvrir,* au singulier? — De quoi formez-vous le pluriel de ce temps? — Conjuguez-le.

De quoi formez-vous l'imparfait de l'indicatif du verbe *couvrir?* — Conjuguez-le.
Conjuguez le passé défini du verbe *couvrir.* — De quoi formez-vous le futur du verbe *couvrir?* — Conjuguez-le.
De quoi formez-vous le passé indéfini du verbe *couvrir?* — Conjuguez-le. —

Même exercice pour chacun des autres temps, et pour tous les verbes du tableau.
On peut ensuite faire conjuguer d'autres verbes d'après ceux qui servent de modèles: tels que *écouter, frapper,* sur *chanter;*
Offrir, souffrir, sur *couvrir;*
Ternir, polir, sur *finir;*

Départir, sur *sortir;*
Connaître, disparaître, sur *paraître;*
Craindre, teindre, sur *plaindre;*
Taire, déplaire, sur *plaire;*
Construire, détruire, sur *réduire;*
Dépendre, corrompre, sur *rompre;*
Appartenir, convenir, sur *tenir;*
Décevoir, sur *recevoir.*

Imprimerie de Firmin Didot Frères, rue Jacob, n° 24.

A PARIS, CHEZ L. HACHETTE, LIBRAIRE, RUE PIERRE-SARRAZIN, N° 12, ET FIRMIN DIDOT FRÈRES, RUE JACOB, N° 24.

ENSEIGNEMENT MUTUEL ET ENSEIGNEMENT SIMULTANÉ.

TABLEAUX DE GRAMMAIRE,

Par MM. Meissas, Michelot et Picard.

68. VERBES IRRÉGULIERS QUI NE SERVENT DE MODÈLES A AUCUN AUTRE VERBE.

PRÉSENT DE L'INDICATIF.	PASSÉ DÉFINI.	PRÉSENT DE L'INFINITIF.	PARTICIPE PRÉSENT.	PARTICIPE PASSÉ.
J'envoie.	J'envoyai.	Envoyer.	Envoyant.	Envoyé.
Je vais.	J'allai.	Aller.	Allant.	Allé (1).
J'acquiers.	J'acquis.	Acquérir.	Acquérant.	Acquis.
Je bénis.	Je bénis.	Bénir.	Bénissant.	Béni et Bénit (2).
Je cueille.	Je cueillis.	Cueillir.	Cueillant.	Cueilli.
Je cours.	Je courus.	Courir.	Courant.	Couru.
Je fleuris.	Je fleuris.	Fleurir.	Fleurissant.	Fleuri (3).
Je hais.	Je haïs.	Haïr.	Haïssant.	Haï (4).
Je meurs.	Je mourus.	Mourir.	Mourant.	Mort.
Je m'assieds.	Je m'assis.	S'asseoir.	S'asseyant.	Assis.
Je dois.	Je dus.	Devoir.	Devant.	Dû.
Je meus.	Je mus.	Mouvoir.	Mouvant.	Mû.
Je puis *ou* je peux.	Je pus.	Pouvoir.	Pouvant.	Pu.
Je sais.	Je sus.	Savoir.	Sachant.	Su.
Je résous.	Je résolus.	Résoudre.	Résolvant.	Résous, Résolu (5).
Je vois.	Je vis.	Voir.	Voyant.	Vu.
Je bois.	Je bus.	Boire.	Buvant.	Bu.
Je fais.	Je fis.	Faire.	Faisant.	Fait.
Je prends.	Je pris.	Prendre.	Prenant.	Pris.

69. INFLEXIONS PRIMITIVES DES VERBES RÉGULIERS DÉFECTUEUX, C'EST-À-DIRE DES VERBES RÉGULIERS QUI MANQUENT DE QUELQUES-UNES DE LEURS INFLEXIONS.

	Je faillis.	Faillir.	Faillant.	Failli (6).
Il gît.			Gisant (7).	
		Ouïr.		Ouï (8).
		Choir.		Chu.
J'absous.		Absoudre.	Absolvant.	Absous, Absoute (9).
Il brait.		Braire.	Brayant.	
Il bruit.		Bruire.	Bruyant (10).	
Je circoncis.	Je circoncis.	Circoncire.		Circoncis.
Je clos.		Clore.		Clos (11).
Je fris.		Frire.		Frit (12).
Je luis.		Luire.	Luisant.	Lui.
Je pais.		Paître.	Paissant.	
Je trais.		Traire.	Trayant.	Trait.

70. INFLEXIONS PRIMITIVES DES VERBES DÉFECTUEUX ET IRRÉGULIERS.

Il saille.		Saillir (13).		
Je déchois.	Je déchus.	Déchoir.		Déchu (14).
Il échet ou il échoit.	J'échus.	Échoir.	Échéant.	Échu (15).
Il sied.		Seoir.	Seyant (16).	
Je vaux.	Je valus.	Valoir.	Valant.	Valu (17).
Je veux.	Je voulus.	Vouloir.	Voulant.	Voulu (18).

NOTA. Les inflexions primitives des verbes composés sont formées de la même manière que celles des verbes simples dont elles sont tirées. Excepté:

J'asservis.	J'asservis.	Asservir.	Asservissant.	Asservi.
Je ressors.	Je ressortis.	Ressortir.	Ressortissant.	Ressorti (19).
Je pourvois.	Je pourvus.	Pourvoir.	Pourvoyant.	Pourvu.
Je sursois.	Je sursis.	Surseoir.	Sursoyant.	Sursis.
Je maudis.	Je maudis.	Maudire.	Maudissant.	Maudit.
Je repais.	Je repus.	Repaître.	Repaissant.	Repu.

(1) Le verbe *s'en aller* se conjugue comme le verbe aller avec en, et les pronoms me, te, se, etc. Aux temps composés, on met l'auxiliaire entre le pronom en et le participe: *Je m'en suis allé.*

(2) Le dernier s'emploie quand on parle des choses consacrées par une cérémonie religieuse: *eau bénite.*

(3) On dit aussi au participe présent et à l'imparfait de l'indicatif, *florissant, il florissait,* quand il signifie être dans un état brillant, prospère.

(4) Ce verbe ne prend qu'un point sur l'*i* aux trois personnes du singulier du présent de l'indicatif, à la deuxième du singulier de l'impératif, et ne prend jamais d'accent circonflexe au passé défini et à l'imparfait du subjonctif.

(5) Le premier des participes de ce verbe signifie *changé en.* Ex.: *Le soleil a résous le brouillard en pluie.*

(6) Ce verbe n'est guère usité qu'au passé défini, à tous les temps composés et à l'infinitif présent. On dit *défaillent, défaillaient,* dans son composé *défaillir.*

(7) Ce verbe n'est usité que dans: *il gît, ci-gît, ils gisent, il gisait, ils gisaient, gisant.*

(8) Ce verbe n'est usité que dans les temps composés: *J'ai ouï dire.*

(9) On conjugue de même *dissoudre.*

(10) Outre les formes que nous indiquons dans ce verbe, on dit encore: *Ils bruissent, ils bruyaient.*

(11) Ce verbe n'a que les trois personnes du singulier. Éclore fait: *ils éclosent, qu'il éclose.*

(12) Ce verbe ne s'emploie ordinairement qu'à l'infinitif précédé de *faire.*

(13) Ce verbe n'est guère d'usage qu'aux troisièmes personnes de quelques temps et à l'infinitif: *Il saille, ils saillent, il saillait, ils saillaient, il saillera.*

(14) Ce verbe, quoiqu'il n'ait pas de participe présent, s'emploie au présent du subjonctif: *que je déchoie, que nous déchoyions.*

(15) Au présent de l'indicatif, ce verbe ne s'emploie qu'à la troisième personne du singulier et du pluriel.

(16) Ce verbe ne s'emploie qu'aux troisièmes personnes du présent, de l'imparfait et du futur de l'indicatif, du présent du subjonctif et au participe présent. On dit aussi: *séant, sis,* dans le sens de *placé, situé.* Le parlement *séant* au palais; une maison *sise* à Versailles.

(17) Ce verbe n'a point d'impératif.

(18) Ce verbe n'a que la deuxième personne du pluriel de l'impératif.

(19) Dans le sens d'être sous la direction, sous la dépendance.

EXERCICES.

Quels sont les temps primitifs du verbe envoyer? — aller? — acquérir? etc.

Qu'est-ce que les verbes défectueux?

Quels sont les temps primitifs du verbe absoudre? — luire? etc. — Conjuguez de vive voix ou par écrit le verbe en-

voyer, — cueillir, — savoir, — faire, etc.; — absoudre, — luire, — traire, — valoir, etc.

Nota. Les élèves ne doivent étudier les remarques ajoutées par des renvois, aux temps primitifs de quelques verbes, que lorsqu'ils savent très-bien toutes les con-

jugaisons qui offrent moins de difficultés.

Comment forme-t-on les inflexions primitives des verbes composés? — Quelles sont les inflexions primitives du verbe renvoyer? — accueillir? — parcourir? — refleurir? — revoir? — défaire? — compren-

dre? etc. — Conjuguez renvoyer, — parcourir, etc.

Quels sont les verbes composés qui ne forment pas leurs inflexions primitives, comme les verbes simples dont ils sont tirés?

Imprimerie de Firmin Didot Frères, rue Jacob, n° 24.

TABLEAUX DE GRAMMAIRE,

Par MM. Meissas, Michelot et Picard.

ANALYSE LOGIQUE.

71. Phrase. L'homme consume sa vie dans de vains projets.

On appelle *phrase* la réunion de plusieurs mots qui forment un sens.

Une phrase renferme toujours un *sujet* et un *verbe*. Ex.: *Il chante*.

Elle peut encore renfermer trois autres parties; le *régime direct*, le *régime indirect* et le *déterminatif*.

QUESTIONS EMPLOYÉES POUR DISTINGUER LES PARTIES DES PHRASES.

Sujet et verbe. *Le soleil est levé.*

Qu'est-ce qui est levé? *le soleil* (sujet). Qu'est-il? *est levé* (verbe).

Nous avons froid.

Qui a froid? *nous* (sujet). Qu'avons-nous? *avons froid* (verbe).

Clovis vainquit.

Qui vainquit? *Clovis* (sujet). Que fit-il? *vainquit* (verbe).

Le *sujet* répond aux questions *qui? quoi?* ou *qu'est-ce qui?* faites devant le verbe.

On fait la question *qui?* pour les personnes, et la question *quoi?* ou *qu'est-ce qui?* pour les choses.

Le *verbe* répond aux questions *qu'est-il? qu'a-t-il? que fait-il?*

Régime direct. Charlemagne dompta *les Saxons*.

Charlemagne dompta... qui? *les Saxons* (régime direct).

Un bienfait trouve toujours *sa récompense*.

Un bienfait trouve toujours... quoi? *sa récompense* (régime direct).

Le *régime direct* répond aux questions *qui? quoi?* faites après le verbe: c'est la personne ou la chose qui reçoit l'action exprimée par le verbe. Dans la première phrase, *les Saxons* reçoivent l'action d'être *domptés*; dans la seconde, *sa récompense* reçoit l'action d'être *trouvée*.

Régime indirect. Je parle *de vous.*

Je parle... de qui? *de vous* (régime indirect).

Je suis content *de votre travail.*

De quoi suis-je content? *de votre travail* (régime indirect).

Il parle *à ses enfans.*

A qui parle-t-il? *à ses enfans* (régime indirect).

Tu penses *à tes affaires.*

A quoi penses-tu? *à tes affaires* (régime indirect).

Alaric fut vaincu *par Clovis.*

Par qui fut-il vaincu? *par Clovis* (régime indirect).

Il s'est laissé entraîner *par sa paresse.*

Par quoi s'est-il laissé entraîner? *par sa paresse* (régime indirect).

Nous travaillons *pour vous.*

Pour qui travaillons-nous? *pour vous* (rég. indir.).

Il est mort *pour sa patrie.*

Pour quoi est-il mort? *pour sa patrie* (rég. indir.).

Le *régime indirect* répond aux questions *de qui? de quoi? à qui? à quoi? par qui? par quoi? pour qui? pour quoi?* faites avec le verbe.

On a désespéré de sa guérison *pendant la nuit.*

Quand a-t-on désespéré? *pendant la nuit* (déterminatif de temps).

L'or éclate *en ses vétemens.*

Où éclate-t-il? *en ses vétemens* (déterminatif de lieu).

Sully parlait toujours à son roi *avec franchise.*

Comment parlait-il? *avec franchise* (déterminatif de manière).

Ma juste colère aime la guerre *autant que la paix vous est chère.*

Combien l'aime-t-elle? *autant que la paix vous est chère* (déterminatif de quantité).

Les sophistes firent périr Socrate, *parce qu'ils étaient jaloux de lui.*

Pourquoi le firent-ils périr? *parce qu'ils étaient jaloux de lui* (déterminatif de motif).

Si tu achètes le superflu, tu vendras bientôt le nécessaire.

Dans quel cas vendras-tu? *si tu achètes le superflu* (déterminatif de condition).

L'âne a de l'attachement pour son maître, *quoiqu'il en soit maltraité.*

Malgré quoi a-t-il de l'attachement? *quoiqu'il en soit maltraité* (déterminatif d'opposition).

Le *déterminatif* répond aux questions *quand? où? comment? combien? pourquoi? dans quel cas? malgré quoi?* faites avec le verbe.

Il exprime toujours une circonstance *de temps*, *de lieu, de manière, de quantité, de motif, de condition* ou *d'opposition*.

Nota. Pour abréger les questions, on les fait ordinairement sans le verbe, à moins que l'on ne soit embarrassé par quelque difficulté. Exemples:

Tout flatteur vit aux dépens de celui qui l'écoute.

Qui? *tout flatteur* (sujet). Que fait-il? *vit* (verbe). Comment? *aux dépens de celui qui l'écoute* (déterminatif).

Le travail écarte l'ennui.

Quoi? *le travail* (sujet). Que fait-il? *écarte* (verbe). Quoi? *l'ennui* (régime direct).

On doit respecter la pauvreté, quand elle est honnête.

Qui? *on* (sujet). Que fait-on? *doit respecter* (verbe). Quoi? *la pauvreté* (régime direct). Quand? *quand elle est honnête* (déterminatif).

EXERCICES.

Qu'est-ce qu'une phrase? — Donnez un exemple.

Que trouve-t-on toujours dans une phrase?

Quelles parties peut-on encore trouver dans une phrase?

A quelles questions répond le sujet?

A quelles questions répond le verbe? — Donnez trois exemples.

Quel est le sujet et quel est le verbe dans cette phrase: *L'homme dort?*

Pourquoi *l'homme* est-il le sujet? Pourquoi *dort* est-il le verbe?

Qu'est-ce que le régime direct? A quelles questions répond-il? — Donnez deux exemples.

A quelles questions répond le régime indirect? — Donnez huit exemples.

Quelles sont les parties de cette phrase:

Les campagnes promettaient une riche moisson à tous les peuples?

Pourquoi *campagnes* est-il le sujet? — *promettaient*, le verbe? — *une riche moisson*, le régime direct?

A quelles questions répond le déterminatif? — Quelles circonstances exprime-t-il toujours? — Donnez sept exemples.

Quelles sont les parties de cette phrase: *Tu auras toujours du plaisir, si tu conserves l'innocence de ton cœur?*

Pourquoi *si tu conserves l'innocence de ton cœur* est-il le déterminatif?

Comment fait-on ordinairement les questions pour abréger cet exercice. — Donnez deux exemples.

Faites les questions de cette phrase: *Les antiquités de Rome étonnent tous les voyageurs instruits.* — *Sur le mulet du fisc une troupe se jette.*

Imprimerie de Firmin Didot Frères, rue Jacob, n° 24.

A PARIS, CHEZ L. HACHETTE, LIBRAIRE, RUE PIERRE-SARRAZIN, N° 12, ET FIRMIN DIDOT FRÈRES, RUE JACOB, N° 24.

TABLEAUX DE GRAMMAIRE,

Par MM. Meissas, Michelot et Picard.

DIFFERENTES ESPECES DE VERBES.

72. Verbe actif. Dieu *fit* le monde en six jours.

Fit est un verbe actif, parce qu'il a un régime direct *monde*, et qu'on peut dire : *Dieu fit... quoi? le monde.*

J'ai cru que des présens calmeraient son courroux.

J'ai cru est un verbe actif, parce qu'il a un régime direct : *j'ai cru... quoi?* cela, *que des présens calmeraient son courroux.*

Un *verbe actif* est un verbe qui a un régime direct, et qui par conséquent donne lieu aux questions *qui?* ou *quoi?*

Dans les temps composés, les verbes *actifs* prennent toujours l'auxiliaire *avoir*. Ils se conjuguent comme *chanter, finir, recevoir, rendre.*

73. Verbe passif. Le riche *est destiné* par la Providence à secourir le pauvre.

Est destiné est un *verbe passif*, parce qu'il exprime l'action que reçoit le sujet *le riche*, et qu'il donne lieu à la question *par qui? est destiné... par qui? par la Providence.*

Un *verbe passif* est un verbe qui exprime l'action reçue par le sujet, et qui peut donner lieu aux questions *par qui? par quoi? de qui? de quoi?* comme *je suis aimé, tu étais accueilli.*

On conjugue le *verbe passif* en prenant, pour chaque temps, le temps correspondant du verbe *être*, auquel on ajoute le participe passé du verbe que l'on veut conjuguer.

74. Conjugaison du verbe passif **ÊTRE AIMÉ.**

INDICATIF.

PRÉSENT.

Je suis	aimé	J'ai été	aimé
Tu es	ou	Tu as été	ou
Il ou elle est	aimée.	Il ou elle a été	aimée.

PASSÉ INDÉFINI.

Nous sommes	aimés	Nous avons été	aimés
Vous êtes	ou	Vous avez été	ou
Ils ou elles sont	aimées.	Ils ou elles ont été	aimées.

IMPARFAIT.

J'étais aimé ou aimée, etc.

PLUS-QUE-PARFAIT.

J'avais été aimé ou aimée.

PASSÉ DÉFINI.

Je fus aimé ou aimée.

PASSÉ ANTÉRIEUR.

J'eus été aimé ou aimée.

FUTUR.

Je serai aimé ou aimée.

FUTUR ANTÉRIEUR.

J'aurai été aimé ou aimée.

CONDITIONNEL.

PRÉSENT.

Je serais aimé ou aimée.

PASSÉ.

J'aurais été aimé ou aimée.

DEUXIÈME PASSÉ.

J'eusse été aimé ou aimée.

IMPÉRATIF.

PRÉSENT.

Sois aimé ou aimée.

SUBJONCTIF.

PRÉSENT.

Que je sois aimé ou aimée.

PARFAIT.

Que j'aie été aimé ou aimée.

IMPARFAIT.

Que je fusse aimé ou aimée.

PLUS-QUE-PARFAIT.

Que j'eusse été aimé ou aimée.

INFINITIF.

PRÉSENT.

Être aimé ou aimée.

PASSÉ.

Avoir été aimé ou aimée.

PARTICIPE.

PRÉSENT.

Étant aimé ou aimée.

PASSÉ COMPOSÉ.

Ayant été aimé ou aimée.

PASSÉ.

Aimé ou aimée.

EXERCICES.

Qu'est-ce qu'un verbe actif? — Des exemples.

Pourquoi *fit* est-il un verbe actif?

Même question pour *j'ai cru.*

Dans les temps composés, quel auxiliaire prend le verbe actif?

Conjuguez les verbes actifs *porter, avertir, vendre.*

Quels sont les verbes actifs que vous trouvez dans cette phrase : *Clovis II, dans* un temps de famine, enleva les lames d'or et d'argent de l'église de Saint-Denis, et en distribua le produit aux pauvres?

Pourquoi *enleva* est-il un verbe actif?

Même question pour *distribua.*

Qu'est-ce qu'un *verbe passif?*—Donnez des exemples.

Donnez une phrase avec un verbe passif.

Pourquoi *est destiné* est-il un verbe passif?

Comment conjugue-t-on le verbe passif?

Conjuguez les verbes passifs *être aimé, être averti, être rendu.*

Quel est l'imparfait de l'indicatif du verbe *être aimé?* — Récitez-le à toutes les personnes du singulier et du pluriel.

— Récitez le futur, — le passé indéfini, — le présent du conditionnel.

Mêmes questions pour les autres temps et pour les autres verbes.

Quel est le verbe passif que vous trouvez dans cette phrase : *Le château des Tuileries fut commencé par Catherine de Médicis, qui fit bâtir le pavillon du milieu?*

Pourquoi *fut commencé* est-il un verbe passif?

Imprimerie de Firmin Didot Frères, rue Jacob, n° 24.

A PARIS, CHEZ L. HACHETTE, LIBRAIRE. RUE PIERRE-SARRAZIN, N° 12, ET FIRMIN DIDOT FRÈRES, RUE JACOB, N° 24.

TABLEAUX DE GRAMMAIRE,

Par MM. Meissas, Michelot et Picard.

75. Verbe neutre. Les voyageurs *ont marché* pendant deux jours.

Ont marché est un verbe neutre, parce qu'il ne peut avoir de régime direct : on ne peut marcher ni quelqu'un ni quelque chose ; de plus, il n'exprime pas l'action reçue par les voyageurs.

Le *verbe neutre* est celui qui ne peut avoir de régime direct, et qui n'exprime pas l'action reçue par le sujet ; tels sont : *marcher, sortir*, etc.

Les *verbes neutres*, dans leurs temps simples, se conjuguent comme les verbes actifs ; dans leurs temps composés, les uns se conjuguent, de même que les verbes actifs, avec l'auxiliaire *avoir*, comme *marcher, parler* ; les autres, avec l'auxiliaire *être*, comme *venir, arriver*.

76. MONTER, *verbe neutre, conjugué avec* ÊTRE.

INDICATIF.

PRÉSENT.	PASSÉ INDÉFINI.
Je monte.	Je suis ⎫ monté
Tu montes.	Tu es ⎬ ou
Il monte.	Il ou elle est ⎭ montée.
Nous montons.	Nous sommes ⎫ montés
Vous montez.	Vous êtes ⎬ ou
Ils montent.	Ils ou elles sont ⎭ montées.

IMPARFAIT.	PLUS-QUE-PARFAIT.
Je montais, etc.	J'étais monté ou montée, etc.

PASSÉ DÉFINI.	PASSÉ ANTÉRIEUR.
Je montai.	Je fus monté ou montée.

FUTUR.	FUTUR ANTÉRIEUR.
Je monterai.	Je serai monté ou montée.

CONDITIONNEL.

PRÉSENT.	PASSÉ.
Je monterais.	Je serais monté ou montée.
	DEUXIÈME PASSÉ.
	Je fusse monté ou montée.

IMPÉRATIF.

PRÉSENT.

Monte.

SUBJONCTIF.

PRÉSENT.	PARFAIT.
Que je monte.	Que je sois monté ou montée.
IMPARFAIT.	PLUS-QUE-PARFAIT.
Que je montasse.	Que je fusse monté ou montée.

INFINITIF.

PRÉSENT.	PASSÉ.
Monter.	Être monté ou montée.

PARTICIPE.

PRÉSENT.	PASSÉ COMPOSÉ.
Montant.	Étant monté ou montée.
PASSÉ.	
Monté ou montée.	

Ainsi se conjuguent, avec l'auxiliaire ÊTRE, *aller, descendre, entrer, partir, sortir, tomber*.

Remarque. Quelques verbes neutres peuvent être employés comme verbes actifs et prendre un régime direct : on les conjugue alors avec l'auxiliaire *avoir*. Exemple : *Le joaillier a monté ce diamant.*

EXERCICES.

Qu'est-ce qu'un *verbe neutre ?*
Donnez des exemples, — une phrase avec un verbe neutre.
Pourquoi *ont marché* est-il un verbe neutre ?
Comment se conjuguent les verbes neutres dans leurs temps simples ? — dans leurs temps composés ?

Donnez des exemples de verbes neutres qui se conjuguent avec l'auxiliaire *avoir*, — avec l'auxiliaire *être*.
Conjuguez avec *avoir* les verbes *monter, parler, languir, dormir, sauter*, etc., avec *être*, ceux qui sont désignés dans le tableau.
Conjuguez l'imparfait de l'indicatif du

verbe *monter*, — le plus-que-parfait, — l'imparfait du subjonctif, — le présent de l'infinitif.
Mêmes questions pour les autres temps et les autres verbes.
Quels verbes neutres trouvez-vous dans cette phrase : *La générosité souffre des*

maux d'autrui comme si elle en était responsable ?
Pourquoi *souffre* et *était* sont-ils des verbes neutres ?
Les verbes neutres ne peuvent-ils jamais être employés comme actifs ? — Donnez un exemple. — Avec quel auxiliaire les conjugue-t-on alors ?

Imprimerie de Firmin Didot Frères, rue Jacob, n° 24.

A PARIS, CHEZ L. HACHETTE, LIBRAIRE, RUE PIERRE-SARRAZIN, N° 12, ET FIRMIN DIDOT FRÈRES, RUE JACOB, N° 24.

TABLEAUX DE GRAMMAIRE,

Par MM. Meissas, Michelot et Picard.

77. Verbe réfléchi. Le tigre *se cache* pour atteindre sa proie.

Se cache est un verbe réfléchi, parce que son sujet *le tigre* et son régime direct *se* expriment la même chose.

Dieu *se rappela* la promesse qu'il avait faite à Abraham.

Se rappela est un verbe réfléchi, parce que le sujet *Dieu* et le régime indirect *se* (à soi) expriment la même personne.

Un *verbe réfléchi* est celui dont le sujet et le régime soit direct, soit indirect, expriment la même personne ou la même chose, comme: *Je me rappelle, tu te souviens, il se tait, nous nous ennuyons, vous vous plaisez, ils se montrent.*

Les verbes réfléchis sont toujours accompagnés de l'un des pronoms me, te, se, nous, vous, exprimant la même personne ou la même chose que le sujet. Ces pronoms sont toujours le régime direct ou le régime indirect du verbe réfléchi.

78. SE REPENTIR, *verbe réfléchi.*

INDICATIF.

PRÉSENT.	PASSÉ INDÉFINI.
Je me repens.	Je me suis ⎫ repenti
Tu te repens.	Tu t'es ⎬ ou re-
Il se repent.	Il ou elle s'est ⎭ pentie.
Nous nous repentons.	Nous nous sommes ⎫ repentis
Vous vous repentez.	Vous vous êtes ⎬ ou re-
Ils se repentent.	Ils ou elles se sont ⎭ penties.

IMPARFAIT.	PLUS-QUE-PARFAIT.
Je me repentais, etc.	Je m'étais repenti ou repentie, etc.

PASSÉ DÉFINI.	PASSÉ ANTÉRIEUR.
Je me repentis.	Je me fus repenti ou repentie.

FUTUR.	FUTUR ANTÉRIEUR.
Je me repentirai.	Je me serai repenti ou repentie.

CONDITIONNEL.

PRÉSENT.	PASSÉ.
Je me repentirais.	Je me serais repenti ou repentie.
	DEUXIÈME PASSÉ.
	Je me fusse repenti ou repentie.

IMPÉRATIF.

PRÉSENT.

Repens-toi.
Qu'il se repente.
Repentons-nous.
Repentez-vous.
Qu'ils se repentent.

SUBJONCTIF.

PRÉSENT.	PARFAIT.
Que je me repente.	Que je me sois repenti ou repentie.
IMPARFAIT.	PLUS-QUE-PARFAIT.
Que je me repentisse.	Que je me fusse repenti ou repentie.

INFINITIF.

PRÉSENT.	PASSÉ.
Se repentir.	S'être repenti ou repentie.

PARTICIPE.

PRÉSENT.	PASSÉ COMPOSÉ.
Se repentant.	S'étant repenti ou repentie.
PASSÉ.	
Repenti ou repentie.	

79. Verbe impersonnel. *Il pleut* rarement en Égypte.

Il pleut est un verbe impersonnel, parce qu'il ne peut s'employer qu'à la troisième personne du singulier avec le pronom *il*. En effet, on ne peut pas dire: *Je pleus, tu pleus*, etc.

Un *verbe impersonnel* est celui qui ne s'emploie qu'à la troisième personne du singulier avec le pronom *il*.

80. PLEUVOIR, *verbe impersonnel.*

INDICATIF.

PRÉSENT.	PASSÉ INDÉFINI.
Il pleut.	Il a plu.
IMPARFAIT.	PLUS-QUE-PARFAIT.
Il pleuvait.	Il avait plu.
PASSÉ DÉFINI.	PASSÉ ANTÉRIEUR.
Il plut.	Il eut plu.
FUTUR.	FUTUR ANTÉRIEUR.
Il pleuvra.	Il aura plu.

CONDITIONNEL.

PRÉSENT.	PASSÉ.
Il pleuvrait.	Il aurait plu.
	DEUXIÈME PASSÉ.
	Il eût plu.

(*Pas d'Impératif.*)

SUBJONCTIF.

PRÉSENT.	PARFAIT.
Il est possible qu'il pleuve.	*Il est possible* qu'il ait plu.
IMPARFAIT.	PLUS-QUE-PARFAIT.
Il était possible qu'il plût.	*Il serait possible* qu'il eût plu.

INFINITIF.

PRÉSENT.	PASSÉ.
Pleuvoir.	Avoir plu.

Pas de participe présent quand le verbe est impersonnel.

PARTICIPE PASSÉ.

Plu.

EXERCICES.

Qu'est-ce qu'un verbe réfléchi? — Donnez des exemples.

Donnez deux phrases pour un verbe réfléchi.

Pourquoi *se cache* est-il un verbe réfléchi?

Même question pour *se rappela.*

De quels pronoms sont accompagnés les verbes réfléchis?

Conjuguez les verbes réfléchis *se rendre, se repentir, se souvenir, se taire, s'amuser.*

Récitez à toutes les personnes du sin-

gulier et du pluriel le passé défini du verbe *se repentir*, — le plus-que-parfait, — le présent du subjonctif, — le conditionnel, etc. — Même exercice pour les autres temps et pour les autres verbes.

Avec quel auxiliaire conjuguez-vous les verbes réfléchis?

Quels sont les verbes réfléchis que vous trouvez dans cette phrase: *D'autres animaux à qui la nature a donné des nageoires en forme d'ailes, s'en servent pour s'élever et se soutenir dans les airs?*

Pourquoi *se servent* est-il un verbe réfléchi?

Même question pour *s'élever, se soutenir.*

Qu'est-ce qu'un *verbe impersonnel?*

Donnez une phrase pour un verbe impersonnel.

Pourquoi *il pleut* est-il un verbe impersonnel?

Conjuguez les verbes impersonnels *pleuvoir, falloir, neiger.*

Conjuguez le futur du verbe *pleuvoir*,

— le présent du conditionnel, — le passé antérieur, — le passé de l'infinitif.

Même question pour les autres temps et les autres verbes.

Quel est le verbe impersonnel dans cette phrase: *Il ne faut pas toujours nous lier avec ceux qui s'attachent trop aisément à nous?*

Pourquoi *il faut* est-il un verbe impersonnel?

Imprimerie de Firmin Didot Frères, rue Jacob, n° 24.

A PARIS, CHEZ L. HACHETTE, LIBRAIRE, RUE PIERRE-SARRAZIN, N° 12, ET FIRMIN DIDOT FRÈRES, RUE JACOB, N° 24.

CINQUIÈME CLASSE, N° V. (N. **25.**)

TABLEAUX DE GRAMMAIRE,
Par MM. Meissas, Michelot et Picard.

PARTICIPES.

81. Participe présent. Un homme *courant,* une femme *courant.*

Des hommes *courant,* des femmes *courant.*

Le participe présent *courant* s'écrit de la même manière quel que soit le genre et le nombre du nom auquel il se rapporte.

Les participes présens sont invariables, c'est-à-dire ne changent ni de genre ni de nombre.

REMARQUE SUR L'ADJECTIF VERBAL.

Des ponts *tournans,* de l'eau *courante.*

Les mots *tournans, courante,* qui ressemblent à des participes, sont ici des adjectifs verbaux, parce qu'ils expriment une qualité, et s'accordent avec les substantifs auxquels ils sont joints.

Le participe devient *adjectif verbal* toutes les fois qu'au lieu d'exprimer une action, il exprime une qualité. *Des robes traînantes, des sables mouvans, des ondes écumantes.*

82. Participe passé. 1° Mon frère est *sorti,* ma sœur est *sortie.*

Mes frères sont *sortis,* mes sœurs sont *sorties.*

Dans ces phrases, le participe passé *sorti* est accompagné du verbe *être :* il est masculin avec le sujet masculin *frère ;* il est féminin, et prend un *e* avec le sujet féminin *sœur ;* il s'écrit au pluriel avec une *s,* quand le sujet est pluriel.

Le *participe passé* accompagné du verbe être s'accorde avec son sujet.

2° Nul spectacle n'est préférable à celui des heureux *qu'on a faits.*

On a fait... qui? *que* (les heureux), régime direct.

Le participe *faits* est accompagné du verbe *avoir;* il est masculin et pluriel, parce qu'il est précédé de son régime direct *que* (les heureux), qui est masculin et pluriel.

Le *participe passé* accompagné du verbe avoir s'accorde avec son régime direct, lorsque ce régime direct est placé avant lui.

Le régime direct, placé avant le participe, est ordinairement un des pronoms *me, te, se, nous, vous, le, la, les, que,* ou un substantif joint aux mots *quel, que de, combien de.* Exemples :

Vous *m'*avez *frappé.*

Vous avez frappé... qui? *me* (moi), régime direct.

Le participe *frappé* est masculin singulier, parce que son régime direct *me,* qui le précède, est masculin singulier.

Ma sœur, nous *t'*avons *appelée.*

Nous avons appelé... qui? *te* (toi, ma sœur), r. dir.

Le participe *appelée* est féminin singulier, parce que son régime direct *te* (ma sœur), qui le précède, est féminin singulier.

Dieu *nous* a *tirés* du néant.

Dieu a tiré... qui? *nous,* rég. dir.

Le participe *tirés* est masculin pluriel, parce que son régime direct *nous,* qui le précède, est masculin pluriel.

Jeunes enfans, vos parens *vous* ont *élevés* avec tendresse.

Vos parens ont élevé... qui? *vous* (jeunes enfans), r.d.

Le participe *élevés* est masculin pluriel, parce que son régime direct *vous* (jeunes enfans), qui le précède, est masculin pluriel.

L'homme généreux pardonne à ceux qui *l'*ont *offensé.*

Ils ont offensé... qui? *le* (l'homme généreux), r. dir.

Le participe *offensé* est masculin singulier, parce que son régime direct *le* (l'homme généreux), qui le précède, est masculin singulier.

L'huître s'attache au rocher sur lequel le flot *l'*a *apportée.*

Le flot a apporté... quoi? *la* (l'huître), rég. dir.

Le participe *apportée* est féminin singulier, parce que son régime direct *la* (l'huître), qui le précède, est féminin singulier.

Voyez ces fleurs; nous *les* avons *cueillies* dans les champs.

Nous avons cueilli... quoi? *les* (ces fleurs), r. dir.

Le participe *cueillies* est féminin pluriel, parce que son régime direct *les* (ces fleurs), qui le précède, est féminin pluriel.

Cent ans d'oisiveté ne valent pas une heure *qu'*on a bien *employée.*

On a bien employé... quoi? *que* (laquelle heure), r.d.

Le participe *employée* est féminin singulier, parce que son régime direct *que* (l'heure), qui le précède, est féminin singulier.

Quelles richesses le travail nous a *procurées!*

Le travail nous a procuré... quoi? *quelles richesses,* rég. dir.

Le participe *procurées* est féminin pluriel, parce que son régime direct *quelles richesses,* qui le précède, est féminin pluriel.

Que d'avantages nous avons *retirés* de la science!

Nous avons retiré... quoi? *que d'avantages,* r. dir.

Le participe *retirés* est masculin pluriel, parce que son régime direct *que d'avantages,* qui le précède, est masculin pluriel.

Combien de vrais amis avez-vous *trouvés* dans le monde!

Vous avez trouvé... quoi? *combien de vrais amis,* r. d.

Le participe *trouvés* est masculin pluriel, parce que son régime direct *combien de vrais amis,* qui le précède, est masculin pluriel.

EXERCICES.

Le participe présent change-t-il de genre et de nombre? — Donnez des exemples.

Écrivez: *Elle approcha, mais en tremblant.*

Dans quel cas le participe devient-il adjectif verbal? — Donnez des exemples.

Écrivez: *Même avant le danger, elle est déjà tremblante.*

Pourquoi écrivez-vous *tremblante* au féminin singulier?

Avec quoi faites-vous accorder le participe passé, lorsqu'il est accompagné du verbe *être?* — Donnez des exemples. — Avec quel mot le participe s'accorde-t-il dans chacun de ces exemples?

Écrivez cette phrase : *Il est rare que la curiosité ne soit pas accompagnée de l'indiscrétion.*

Avec quoi faites-vous accorder le participe *accompagnée?* — Pourquoi le faites-vous accorder avec le substantif *curiosité?*

Avec quoi faites-vous accorder le participe accompagné du verbe *avoir?* — Donnez un exemple, le participe *faits* est-il masculin pluriel?

Quels sont ordinairement les régimes directs placés avant le participe? — Donnez un exemple de participe précédé du régime *me?* — Pourquoi, dans cet exem-

ple, le participe *frappé* est-il masculin singulier? — Faites le même exercice pour les exemples de chacun des régimes directs qui peuvent être placés avant le participe.

Écrivez cette phrase : *Je suis tremblante,* parce que vous *m'*avez *effrayée.*

Pourquoi le participe *effrayée* est-il féminin-singulier?

Écrivez de même les phrases suivantes, et expliquez pourquoi vous faites accorder avec le régime direct chacun des participes passés.

Mon frère je t'ai *vu* dans le jardin.

Les sciences *nous* ont *élevés* au-dessus des autres peuples.

Braves soldats, la patrie vous a *armés* pour la défendre.

Je n'ai plus votre livre, je vous *l'*ai *rendu.*

La terre nourrit ceux qui l'ont *cultivée.*

Les champs donnent d'abondantes moissons à ceux qui *les* ont bien *labourés.*

Suivez les conseils qu'un père sage vous a *donnés.*

Quel ordre admirable la Providence a *établi* dans l'univers!

Que de maux l'ignorance a *causés!*

Combien de jours avez-vous *perdus* par votre paresse?

Imprimerie de Firmin Didot Frères, rue Jacob, n° 24.

A PARIS, CHEZ L. HACHETTE, LIBRAIRE, RUE PIERRE-SARRAZIN, N° 12, ET FIRMIN DIDOT FRÈRES, RUE JACOB, N° 24.

CINQUIÈME CLASSE, N° VI. (N. 26.)

TABLEAUX DE GRAMMAIRE,

Par MM. Meissas, Michelot et Picard.

Suite du Participe passé.

3° Alexandre prétendait que Jupiter lui avait *donné* la vie.

Jupiter lui avait donné... quoi? *la vie*, rég. dir.

Le participe *donné*, accompagné du verbe *avoir*, est invariable, parce que son régime direct *la vie* est placé après.

Les arts ont *contribué* à la civilisation.

Le participe *contribué* est invariable, parce qu'il est accompagné du verbe *avoir*, et qu'il n'a pas de régime direct.

Le *participe passé*, accompagné du verbe *avoir*, reste invariable toutes les fois que son régime direct est après, ou qu'il n'a pas de régime direct.

OBSERVATIONS SUR QUELQUES PARTICIPES.

83. Participes dans les verbes réfléchis.

Les hommes que Dieu avait créés innocens *se sont pervertis*.

Se sont pervertis étant un verbe réfléchi, le verbe *être* est employé pour le verbe *avoir*, et le participe s'accorde avec son régime direct *se* (les hommes), qui le précède.

Nous nous serions *épargné* bien des peines, si nous avions su modérer nos passions.

Nous nous serions épargné est un verbe réfléchi, le verbe *être* est mis pour le verbe *avoir*.

Le régime direct *bien des peines* est placé après, le participe reste donc invariable.

Elles ne se sont jamais *parlé*.

Elles se sont parlé est un verbe réfléchi, le verbe *être* est mis au lieu du verbe *avoir*; le participe est invariable, parce qu'il n'a pas de régime direct.

Dans les temps composés des verbes réfléchis, on emploie le verbe *être* au lieu du verbe *avoir*; mais le participe suit les mêmes règles que s'il était accompagné du verbe *avoir*, c'est-à-dire qu'il s'accorde avec son régime direct, quand ce régime est placé avant le participe, et qu'il est invariable dans tous les autres cas.

Remarque. Les verbes réfléchis sont toujours précédés de l'un des pronoms *me, te, se, nous, vous.* Ces pronoms sont régimes directs du verbe toutes les fois qu'on ne peut pas les tourner par *à moi, à toi, à lui, à elle, à nous, à vous.* Ainsi, dans la première phrase, *les hommes se sont pervertis, se* est régime direct, car on dirait: *les hommes ont perverti eux*; dans la troisième phrase: *Elles ne se sont jamais* parlé, *se* est régime indirect, car on peut dire: *elles n'ont jamais parlé à elles.*

84. Les récompenses *accordées* au mérite ne doivent pas être le prix de l'intrigue.

C'est comme s'il y avait: *les récompenses qui sont accordées au mérite.* Le participe s'accorde avec son sujet *les récompenses.*

Quand le participe n'est accompagné d'aucun auxiliaire, le verbe *être* est sous-entendu, et le participe s'accorde avec son sujet.

85. Les trois heures qu'a *duré* cette cérémonie m'ont beaucoup fatigué.

On ne peut pas dire: *durer quelqu'un*, ni *durer quelque chose; que* n'est donc pas le régime du participe neutre *duré*, mais il est régime de la préposition *pendant*. C'est comme si l'on disait: *les trois heures pendant lesquelles a duré cette cérémonie.*

Les participes des verbes neutres sont toujours invariables, quand ils sont accompagnés du verbe *avoir*, parce qu'ils n'ont pas de régime direct. Les mots que l'on pourrait prendre pour régimes de ces verbes sont régimes de la préposition *pendant*, ou d'une autre préposition sous-entendue.

86. Il est *arrivé* de grands malheurs.

Les chaleurs qu'il a *fait* m'ont beaucoup fatigué.

Il est arrivé, il a fait, sont des verbes impersonnels, les participes *arrivé* et *fait* sont invariables.

Le participe est toujours invariable dans les verbes impersonnels.

87. J'en ai vu de belles roses, j'en ai *cueilli.*

C'est comme si l'on disait: *j'en ai cueilli quelques-unes.*

Quelques-unes est le véritable régime de *cueilli*; ce participe n'étant pas précédé de son régime direct, reste ici invariable.

Le pronom *en* n'est jamais regardé comme un véritable régime direct: on ne fera donc pas accorder le participe avec ce pronom.

88. Les troupes que nous avons *vues* partir étaient bien équipées.

Que (les troupes) est ici le régime direct du participe *vu*. En effet, on peut le placer immédiatement après, et dire: *nous avons vu les troupes qui partaient.* Ainsi, *vues* s'accorde avec le pronom *que.*

Les arbres que j'ai *vu* planter.

Le participe *vu* est invariable, car le pronom *que* (les arbres) n'en est pas le régime direct; il est le régime de *planter.* En effet, on ne dirait pas: *j'ai vu les arbres planter*, mais *j'ai vu planter les arbres.*

Le participe est quelquefois suivi d'un autre verbe, il faut alors voir si le régime direct, placé avant le participe, est le régime de ce participe, ou s'il est régime du verbe suivant. Dans le premier cas, le participe s'accorde; dans le second, il est invariable.

EXERCICES.

TABLEAUX DE GRAMMAIRE,

Par MM. Meissas, Michelot et Picard.

REMARQUES DÉTACHÉES.

89. NOMS.

1° LE *indéclinable*. Les hommes doivent s'instruire autant qu'ils *le* peuvent (autant qu'ils peuvent s'instruire).

Madame, êtes-vous malade? Je *le* suis (je suis malade).

Le pronom *le* est indéclinable toutes les fois qu'il remplace un verbe ou un adjectif.

2° Dites : *Laissez-la-moi*, et non pas : Laissez-moi-la.

Le *régime direct* doit précéder l'*indirect*, à moins qu'il ne soit le plus long.

Cependant on dira : *Menez-y-moi*.

3° AVOIR L'AIR. Cette robe *a l'air bien faite* (semble bien faite).

Cette femme *a l'air contrefaite, a l'air grande* (d'une grande taille; semble contrefaite, grande).

Quand *avoir l'air* s'emploie pour *sembler*, l'adjectif qui suit le mot *air* ne se rapporte pas à ce substantif, mais au sujet du verbe *avoir*.

Mais quand *avoir l'air* a pour sujet un nom de personne, il arrive quelquefois que l'adjectif se rapporte au mot *air* et non au sujet. Ainsi, l'on dira : Cette femme *a l'air grand*, pour dire qu'elle a un air de noblesse, de grandeur.

4° BOUCHE, GUEULE. La bouche d'un cheval, d'un bœuf, d'un chameau, d'un mouton.

On emploie le mot *bouche* pour les animaux de somme et de voiture, et en général pour les animaux d'un caractère doux.

La *gueule* d'un brochet, d'un lion, d'un tigre.

On emploie généralement le mot *gueule* pour les animaux voraces et carnivores.

On dit aussi, en parlant de cette partie qui comprend la gueule et le nez :

Le *groin* d'un cochon, le *museau* d'un chien, le *mufle* d'un cerf, d'un bœuf et de quelques animaux féroces, comme le lion, le tigre, etc.

En parlant de la tête de quelques animaux, on dit aussi la *hure*.

La *hure* d'un sanglier.

5° PIED, PATE. Le *pied* d'un cheval, d'un bœuf, d'un mouton.

Pied se dit en général de tous les animaux chez lesquels cette partie est de corne.

La *pate* d'un lièvre, d'un chien, d'un oiseau.

On dit généralement *pate* pour tous les autres animaux.

6° CHACUN, CHAQUE. *Chacun* songe en veillant.

Chaque âge a ses goûts.

Chacun est un pronom, et peut s'employer seul; *chaque* est un adjectif, et ne s'emploie que joint à un substantif. Ne dites donc pas : Ces livres m'ont coûté cinq francs *chaque*, mais cinq francs *chacun*.

7° FRAGILE, CASUEL. Le verre est *fragile*.

Fragile veut dire qui se brise aisément.

Un revenu *casuel*, une charge *casuelle*.

Casuel veut dire accidentel, peu certain, qui peut arriver ou ne pas arriver.

On ne doit donc pas dire : Le verre est *casuel*.

8° PRÊT A, PRÈS DE. Il est *prêt à* partir, veut dire : Il est *disposé à* partir; et il est *près de* partir, veut dire : Il est *sur le point de* partir.

Prêt à signifie *disposé à*. *Près de* signifie *sur le point de*.

9° VENIMEUX, VÉNÉNEUX. Un insecte *venimeux*, des herbes *vénéneuses*.

On emploie l'adjectif *venimeux* pour les animaux, et *vénéneux* pour les plantes.

EXERCICES.

Dans quel cas *le* est-il indéclinable? — Donnez des exemples. — Pourquoi *le* est-il indéclinable dans la première phrase? — dans la seconde?

Quelle place doit occuper le régime direct? — Donnez un exemple.

N'y a-t-il pas une exception à cette règle?

A quoi doit se rapporter l'adjectif qui suit le mot *air*, dans *avoir l'air*? — Donnez des exemples.

L'adjectif se rapporte-t-il toujours au sujet du verbe *avoir*?

Donnez un exemple.

Pourquoi l'adjectif se rapporte-t-il ici au mot *air*?

Dans quels cas emploie-t-on *bouche*? — Donnez des exemples.

Dans quels cas emploie-t-on *gueule*? — Donnez des exemples.

Quand doit-on employer *groin, museau,*

mufle? — Donnez des exemples. — Quand emploie-t-on *hure*?

Quand doit-on employer *pied*? Donnez des exemples.

Quand doit-on employer *pate*? Donnez des exemples.

Comment doit-on employer *chacun* et *chaque*? — Donnez des exemples.

Peut-on dire : Ces livres m'ont coûté cinq francs *chaque*.

Quand doit-on employer *fragile*? — Un exemple.

Quand doit-on employer *casuel*? — Un exemple.

Peut-on dire : Le verre est *casuel*?

Que signifient *prêt à* et *près de*?

Donnez des exemples.

Quand doit-on employer *venimeux*? Un exemple.

Quand doit-on employer *vénéneux*? — Un exemple.

Imprimerie de Firmin Didot Frères, rue Jacob, nº 24.

A PARIS, CHEZ L. HACHETTE, LIBRAIRE, RUE PIERRE-SARRAZIN, Nº 12, ET FIRMIN DIDOT FRÈRES, RUE JACOB, Nº 24.

TABLEAUX DE GRAMMAIRE,

Par MM. Meissas, Michelot et Picard.

90. VERBES.

1° EMPLOI DU SUBJONCTIF.

Il faut que tu viennes, Il fallait
Il faudra ou que Il fallut que tu
Il aura fallu tu sois venu. Il a fallu vinsses,
Il avait fallu ou que
Il faudrait tu fusses
Il aurait fallu venu.

Le *présent* et le *parfait du subjonctif* s'emploient après le présent ou le futur de l'indicatif; on emploie l'*imparfait* ou le *plus-que-parfait du subjonctif* après tous les autres temps.

2° ÉVITER. On ne peut pas dire: *J'évite* une peine à mon frère. Il faut dire: *J'épargne* une peine à mon frère.

Éviter ne peut jamais s'employer dans le sens d'*épargner*.

3° FIXER. On peut dire: *Fixer ses regards* sur quelqu'un; mais on ne doit pas dire: *Fixer* quelqu'un, à moins qu'on ne veuille exprimer qu'on fait en sorte que cette personne ne change pas.

On ne peut donc pas employer *fixer* pour *regarder*.

4° JOUIR. On peut dire: Il *jouit d'une bonne santé, d'une bonne réputation;* mais on ne dira pas: Il *jouit d'une mauvaise santé, d'une mauvaise réputation,* parce que ces choses ne peuvent procurer de jouissance.

Jouir ne se dit que des choses agréables.

5° OBSERVER. Ne dites pas: Je vous *observe* que le fait n'est pas tel, mais je vous *fais observer* que, etc.; comme on ne dirait pas: Je vous *remarque* que le fait n'est pas tel, mais je vous *fais remarquer.*

En effet, ici *observer* signifie remarquer.

6° SE RAPPELER. On dira : Je me *rappelle le nom* de cette personne, je me *le rappelle*; et non pas : Je me *rappelle du nom* de cette personne, je m'en *rappelle.*

Se rappeler veut un régime direct, et non un régime précédé de la préposition *de.*

91. MOTS INVARIABLES.

1° CINQ A SIX, CINQ OU SIX. Ne dites pas : *Cinq à six personnes*, mais *cinq ou six;* parce qu'on ne peut compter un certain nombre de personnes entre cinq et six.

On peut dire : *De cinq à six heures, cinq à six cents hommes;* parce qu'on peut compter un certain temps entre cinq et six heures, un certain nombre d'hommes entre cinq et six cents hommes.

2° AUTOUR, A L'ENTOUR; AVANT, AUPARAVANT.

Autour de la maison; il est parti *avant* moi; je me promène *à l'entour;* six semaines *auparavant.*

Autour, avant, sont des prépositions, et veulent par conséquent un régime; *à l'entour, auparavant,* sont des adverbes, et ne veulent pas de régime.

3° CONTRE. Ne dites pas : Il s'est assis *contre* moi, mais il s'est assis *près de* moi.

On ne doit pas employer *contre* à la place de *près de.*

4° TANT-PIRE. Ne dites pas : *Tant-pire,* mais *tant-pis.*

Pire est l'opposé de *meilleur :* comme on ne dit pas *tant-meilleur,* on ne doit pas dire *tant-pire.* Il faut dire *tant-pis,* comme on dit *tant-mieux.*

5° ET PUIS ENSUITE. Ne dites pas : Il va dîner, *et puis ensuite* il se rendra chez vous, mais il va dîner, *ensuite* il se rendra chez vous.

Et puis a la même signification qu'*ensuite;* ce serait donc répéter deux fois le même mot.

6° VIS-A-VIS. Ne dites pas : Il s'est montré ingrat *vis-à-vis* de ses parents, mais il s'est montré ingrat *envers* ses parents.

C'est une faute d'employer *vis-à-vis* dans le sens d'*envers, à l'égard de.*

7° VIS-A-VIS, PROCHE, EN FACE, PRÈS. *Vis-à-vis de* mes fenêtres, *proche de* la porte, *en face du* théâtre, *près des* arbres.

Les prépositions *vis-à-vis, proche, en face, près,* veulent être suivies de la préposition *de.*

EXERCICES.

Après quels temps emploie-t-on *le présent et le parfait du subjonctif?*
Donnez des exemples.
Après quels temps emploie-t-on *l'imparfait et le plus-que-parfait du subjonctif?*
—Donnez des exemples.
Peut-on dire : *J'évite* une peine à mon frère ?
Comment faut-il dire, et pourquoi ?
Peut-on dire *fixer* quelqu'un pour dire qu'on le regarde ?

Comment faut-il dire, et pourquoi ?
Dans quel cas peut-on employer *jouir?*
—Des exemples.
Des exemples où il soit mal employé, et pourquoi ?
Peut-on dire je vous *observe* que le fait n'est pas tel ?
Comment faut-il dire, et pourquoi ?
Peut-on dire : *Je me rappelle du nom de* cette personne, etc.
Comment faut-il dire, et pourquoi ?

Pourquoi ne dit-on pas : *Cinq à six personnes?*
Comment doit-on dire?
Peut-on dire : *De cinq à six heures, cinq à six cents soldats?*—Et pourquoi?
Qu'est-ce qu'*autour, avant,* et comment les employez-vous?—Des exemples.
Qu'est-ce qu'*à l'entour, auparavant,* et comment les employez-vous?
Peut-on dire : *Il s'est assis contre* moi ?
Comment faut-il dire, et pourquoi ?

Pourquoi ne peut-on pas dire *tant pire?*
Comment faut-il dire?
Peut-on dire : *Il va dîner et puis ensuite* il se rendra chez vous ?
Comment faut-il dire, et pourquoi ?
Peut-on dire : Il s'est montré ingrat *vis-à-vis* de ses parents ?
Comment faut-il dire, et pourquoi ?
De quelle préposition doivent être suivis *vis-à-vis, proche, en face, près?*
Des exemples.

Imprimerie de Firmin Didot Frères, rue Jacob, n° 24.

A PARIS, CHEZ L. HACHETTE, LIBRAIRE, RUE PIERRE-SARRAZIN, N° 12, ET FIRMIN DIDOT FRÈRES, RUE JACOB, N° 24.

TABLEAUX DE GRAMMAIRE,

Par MM. Meissas, Michelot et Picard.

92. LOCUTIONS VICIEUSES.

Ne dites pas :	*Dites :*
Le cheval à monsieur.	Le cheval de monsieur.
Venez à bonne heure.	Venez de bonne heure.
La clef est après la porte.	La clef est à la porte.
A brasse-corps.	A bras-le-corps.
D'une bonne acabit.	D'un bon acabit.
Vous en avez mal agi avec moi.	Vous avez mal agi envers moi.
Agonir de sottises.	Accabler d'injures
J'ai plusieurs endroits à aller.	Je dois aller dans plusieurs endroits.
Un chat angola.	Un chat angora.
On demande après vous.	On vous demande.
L'argot d'un coq.	L'ergot d'un coq.
Ajambée.	Enjambée.
Le mois d'a-oût.	Le mois d'août (*prononcez* oût).
Au jour d'aujourd'hui.	Aujourd'hui.
Les berloques d'une montre.	Les breloques d'une montre.
Castonade, casterole.	Cassonade, casserole.
Clou-à-porte.	Cloporte.
Colaphane.	Colophane.
Combien que tu en as?	Combien en as-tu?
Autant comme moi.	Autant que moi.
Affaire conséquente, maison conséquente.	Affaire importante, maison considérable.
Le vin est fait pour boire.	Le vin est fait pour être bu.
Corporence.	Corpulence.
Je crasse mes habits.	J'encrasse mes habits.
Une poire de creusane, de misserjean.	Une poire de crassane, de messire Jean.
Chérurgien.	Chirurgien.
Collidor.	Corridor.
Colorer un dessin.	Colorier un dessin.
Une voix de centaure.	Une voix de Stentor.
A croche-pied.	A cloche-pied.
En définitif.	En définitive.
Il a décommandé cette marchandise.	Il a contremandé cette marchandise.
Il a ses souliers dans ses pieds.	Il a ses souliers à ses pieds.
Déhonté.	Éhonté.
Dernier adieu.	Denier-à-Dieu.
Désagrafé.	Dégrafé.
Bien du contraire.	Bien au contraire.
Une écharpe (petit éclat de bois).	Une écharde.
Pain enchanté.	Pain à chanter.

Ne dites pas :	*Dites :*
Érésypèle.	Érysipèle.
C'est eux.	Ce sont eux.
Il a été fait mourir.	On l'a fait mourir.
Franchipale.	Frangipane.
Il a la fringale.	Il a la faim-calle.
Un chien de bonne guette.	Un chien de bon guet.
Gigier.	Gésier.
Jouer aux honchets.	Jouer aux jonchets.
Ce lieu-ici, ce moment-ici.	Ce lieu-ci, ce moment-ci.
Un jeu d'eau.	Un jet d'eau.
Comme de juste.	Comme il est juste.
Serviette à linteaux.	Serviette à liteaux.
Une mairerie, une seigneurerie.	Une mairie, une seigneurie.
Maline.	Maligne.
Comme mars en carême.	Comme marée en carême.
Nain, nine.	Nain, naine.
De la noble-épine.	De l'aubépine.
Un ostiné.	Un obstiné.
Une ormoire.	Une armoire.
Une pantomine.	Une pantomime.
Une rue passagère.	Une rue fréquentée.
Autant que possible.	Autant qu'il est possible.
Un poturon.	Un potiron.
Avoir des raisons avec quelqu'un.	Avoir dispute avec quelqu'un.
J'y serai quand vous.	J'y serai aussitôt que vous.
Quoique ça.	Malgré cela.
A la rebours.	Au rebours.
Réguiser un couteau.	Aiguiser un couteau.
Il a rempli son but.	Il a atteint son but.
Revanche.	Revanche.
On fait à savoir.	On fait savoir.
Une secoupe.	Une soucoupe.
Un sentinelle.	Une sentinelle.
Un siau d'eau.	Un seau d'eau.
Je sors d'être malade.	Je viens d'être malade.
Tel qu'il soit.	Quel qu'il soit.
Une tête d'oreiller.	Une taie d'oreiller.
Une fois pour tout.	Une fois pour toutes.
Il a tout plein de bonté.	Beaucoup de bonté.
Transvider.	Transvaser.
Trayer, trayage.	Trier, triage.
Il a perdu la trémontane, la trémontade.	Il a perdu la tramontane.
Vagistas.	Vasistas.
J'y vas.	J'y vais.
Virbrequin.	Vilebrequin.
Voyez voir, regardez voir.	Voyez, regardez.

EXERCICES.

Faut-il dire : *Le cheval à monsieur,* ou *le cheval de monsieur?* — *Le chapeau à papa,* ou *le chapeau de papa?* — Doit-on dire : *La clef est après la porte?* — Comment faut-il dire?

Dit-on : *Il y a plusieurs taches après cette robe?* — Comment faut-il dire? — Dit-on : *A brasse-corps?* — Comment faut-il dire? — Doit-on dire : *Ils se sont saisis à*

brasse-corps? — Comment faut-il dire? — Dit-on : *Nous avons plusieurs endroits à aller?* — Comment faut-il dire? — Doit-on dire : *Un chat angola? — Un lapin angola?* — Comment faut-il dire?

Faites le même exercice pour chaque locution, en commençant toujours par proposer la locution telle qu'elle est dans le tableau, et en la plaçant ensuite dans une autre phrase.

Imprimerie de Firmin Didot Frères, rue Jacob, n° 24.

A PARIS, CHEZ L. HACHETTE, LIBRAIRE, RUE PIERRE-SARRAZIN, N° 12, ET FIRMIN DIDOT FRÈRES, RUE JACOB, N° 24.

TABLEAUX DE GRAMMAIRE,

Par MM. Meissas, Michelot et Picard.

PONCTUATION.

La ponctuation doit servir à deux fins : faire distinguer les rapports qui existent entre les différentes phrases ou parties de phrases d'un écrit, et indiquer au lecteur les endroits où il doit s'arrêter pour reprendre haleine.

Nous allons indiquer l'emploi des différens signes de la ponctuation.

93. Virgule (,). 1° Le cygne attend l'aigle *sans le provoquer, sans le craindre.*

Les satyres, Bacchus et Faune détestent l'horreur des combats.

On sépare par une *virgule* les différentes parties semblables d'une phrase, à moins qu'elles ne soient déja distinguées par une conjonction.

2° Ton roi, *jeune Biron,* t'arrache à ces soldats
Dont les coups redoublés achevaient ton trépas.
Le travail, *dit le sage,* est la source du plaisir.

Les noms des personnes à qui l'on adresse la parole, et les mots qui se trouvent au milieu d'une phrase sans en faire partie, doivent être mis entre *deux virgules,* toutes les fois que *la virgule* ne sera pas remplacée par une ponctuation plus forte.

3° *Le plaisir de soulager un infortuné,* est un remède sûr contre le mal que nous fait sa présence.

On sépare par *une virgule* les parties de phrases qui sont trop longues.

4° Lorsque *l'âme est tranquille,* toutes les parties du visage sont dans un état de repos.

On sépare aussi par *une virgule* les déterminatifs qui ne sont pas à la fin de la phrase.

5° On se menace, on court, l'air gémit, le fer brille.

La *virgule* se met encore pour séparer les phrases courtes qui se suivent rapidement.

94. Point et virgule (;). 1° Les petits esprits sont trop blessés des petites choses; les grands esprits les voient toutes et n'en sont point blessés.

Le *point et virgule* annonce un repos plus fort que celui de la virgule; on le met après une phrase dont le sens est complet, mais qui est suivie d'une autre dont le sens dépend de la première.

2° Il faut que chaque chose y soit mise en son lieu;
Que le début, la fin répondent au milieu.

Quand une phrase est composée de plusieurs parties principales qui renferment des parties séparées par des virgules, on distingue toutes les parties principales de la phrase par le *point et virgule.*

95. Deux points (:). 1° Quelques soldats courent à Léonidas, et lui disent : « Les Perses sont près de nous. » Il répond froidement : « Dites plutôt que nous sommes près d'eux. »

On met les *deux points* avant un discours direct que l'on rapporte.

2° Seigneur ours, comme un sot, donna dans ce panneau :
Il voit ce corps gisant, le croit privé de vie;
Et de peur de supercherie,
Le tourne, le retourne, approche son museau.

On met les *deux points* après une phrase finie, mais suivie d'une autre qui sert à l'étendre ou à l'éclaircir.

3° L'intérêt de Philippe est de différer la ratification du traité; le nôtre, de la hâter : car nos préparatifs sont suspendus; et lui n'a jamais été si actif.

On sépare par *deux points* les parties principales d'une phrase, quand l'une de ces parties renferme un *point et virgule.*

96. Point (.). Aussitôt on commença la course des chars que l'on distribua au sort. Le mien se trouva le moindre pour la légèreté des roues et pour la vigueur des chevaux.

Le *point* se met à la fin de toutes les phrases dont le sens est complet, et qui n'ont pas une liaison grammaticale avec la phrase suivante.

97. Point d'interrogation (?). Ensuite on proposa la seconde question en ces termes : Quel est le plus malheureux de tous les hommes?

Le *point d'interrogation* se met à la fin des phrases interrogatives.

98. Point d'exclamation (!). Oh! que les rois sont à plaindre! Oh! que ceux qui les servent sont dignes de compassion!

Le *point d'exclamation* se place après les interjections, et après les phrases et les parties de phrases qui expriment quelque vif mouvement de l'ame, comme la surprise, la terreur, la pitié, la joie, etc.

99. Tiret (—). Jouis. — Je le ferai. — Mais quand donc? — Dès demain.

— Eh! mon ami, la mort te peut prendre en chemin.

Le *tiret* annonce le changement d'interlocuteur dans un dialogue.

100. Alinéa. L'alinéa sert à distinguer les différentes parties du sujet que l'on traite; il consiste à commencer le nouvel article à la ligne suivante, en rentrant un peu en dedans, comme on le voit dans tous les livres.

EXERCICES.

À quoi sert la ponctuation?
Dans quels cas emploie-t-on la virgule?
Citez le premier cas; donnez un exemple.
Pourquoi mettez - vous une virgule entre *sans le provoquer, sans le craindre?*
Donnez un autre exemple.
Pourquoi mettez - vous une virgule entre *les satyres* et *Bacchus?*
Pourquoi n'en mettez-vous pas entre *Bacchus* et *Faune?*
Où mettez-vous la virgule dans la phrase suivante : *Des perroquets verts, des piverts empourprés, des cardinaux de feu grimpent au haut des cyprès?*
Pourquoi mettez - vous une virgule après *verts,* après *empourprés?*
Citez le second cas où vous employez la virgule? — Donnez un exemple.
Pourquoi mettez-vous une virgule après *jeune Biron?* — Pourquoi mettez-vous *dit le sage* entre deux virgules?
Comment ponctuez-vous les phrases suivantes : *Que diras-tu, mon père, à ce spectacle horrible?* — Pourquoi mettez-vous *mon père* entre deux virgules?
Citez le troisième cas où vous employez la virgule. — Donnez un exemple.
Pourquoi mettez - vous une virgule après *infortuné?*

Comment ponctuez-vous cette phrase : *Le désir de surpasser la gloire des plus célèbres héros, porta Alexandre à désoler par la guerre presque tout le monde connu des anciens.*
Pourquoi mettez - vous une virgule après *héros?*
Citez le quatrième cas où vous employez la virgule. — Donnez des exemples.
Pourquoi mettez - vous une virgule après *tranquille?*
Comment ponctuez-vous cette phrase : *Puisque je l'ai jugé, je n'en reviendrai point?* — Pourquoi mettez-vous une virgule après *jugé?*
Citez le cinquième cas. — Donnez un exemple. — Pourquoi mettez-vous une virgule après *menace,* — *court,* — *gémit?*
Comment ponctuez-vous cette phrase : *Je cours, j'écris, j'invente des scandales?*
Pourquoi mettez - vous une virgule après *cours,* après *j'écris?*
Quand mettez-vous le point et virgule? — Donnez un exemple.
Pourquoi mettez - vous le point et virgule après *choses?*
Dans quel autre cas mettez-vous encore le point et virgule? — Un exemple.

Pourquoi le mettez-vous après *lieu?*
Comment ponctuez - vous la phrase suivante :
*Le conquérant est craint, le sage est estimé;
Mais le bienfaisant charme, et lui seul est aimé.*
Pourquoi mettez-vous le point et virgule après *estimé?*
Dans quel cas mettez-vous les deux points? — Donnez un exemple.
Pourquoi mettez - vous deux points après *disent,* — après *froidement,* — après *panneau?*
Quand mettez-vous encore les deux points? — Donnez un exemple.
Pourquoi mettez-vous deux points après *hâter?*
Comment ponctuez-vous ces phrases :
*Le destin se montra soigneux de la pouvoir : il n'eut des partis d'importance.
— Dans une ménagère
De volailles remplie
Vivaient le cygne et l'oison :
Celui-là pour les plaisirs du maître;
Celui-ci pour son goût.*
Quand employez-vous le point?
Donnez un exemple.
Pourquoi mettez-vous un point après *sort?*

Comment ponctuez-vous cette phrase :
Calypso ne pouvait se consoler du départ d'Ulysse. Dans sa douleur, elle se trouvait malheureuse d'être immortelle.
Quand employez-vous le point d'interrogation?
Donnez une phrase.
Pourquoi mettez-vous un point d'interrogation après *hommes?*
Comment ponctuez-vous cette phrase : *Qui est-ce qui a purifié cet air que nous respirons?*
Pourquoi mettez-vous un point d'interrogation après *respirons?*
Mêmes questions pour le point d'exclamation et le tiret.
Demandez comment on ponctue les phrases suivantes :
*L'éternité! quel mot consolant et terrible!
O lumière! ô nuage! ô profondeur horrible!
— Regardez-bien, ma sœur. Est-ce assez? dites-moi. N'y suis-je point encore?
— Nenni. — M'y voici donc? — Point du tout. — M'y voilà? — Vous n'en approchez point.*
Quand emploie-t-on l'alinéa?

À PARIS, CHEZ L. HACHETTE, LIBRAIRE, RUE PIERRE-SARRAZIN, N° 12, ET FIRMIN DIDOT FRÈRES, RUE JACOB, N° 24.

www.ingramcontent.com/pod-product-compliance
Lightning Source LLC
LaVergne TN
LVHW022141080426
835511LV00007B/1206